Günstig gärtnern

schnell & üppig

> Autorin: Lisa Feiser | Fotografen: Jutta Schneider, Michael Will und
andere bekannte Gartenfotografen

Inhalt

Gartenpraxis
Das 5-Stufen-Erfolgsprogramm

>> schnell & üppig

2 Gestalten

Das Gute liegt so nah! Pfiffige Ideen und günstige Alternativen gibt es für jeden Gartenbereich.

1 Planen

Mit guter Planung und dem entsprechenden Know-how werden Ihre Gartenträume günstig wahr.

3 Pflanzen

Durch richtige Pflanzenauswahl und geeignete Standorte können Sie unnötige Ausgaben vermeiden.

Gartenpraxis

Gärtnern im grünen Bereich

Mit originellen Ideen, sinnvoller Pflanzenauswahl und günstigen Materialien gestalten Sie Ihren Traumgarten – und schonen Ihre Geldbörse. Auf einen Gartenarchitekten, edle Teakholzmöbel oder sündhaft teure Pflanzenraritäten können Sie verzichten, wenn Sie aus Ihrem Garten ein Schmuckstück machen möchten. Vieles, was zum Wegwerfen zu schade ist, lässt sich mit etwas Fantasie neu in Szene setzen. Das rostige Eisengitter, die alte Zinkwanne oder das leere Holzfass kommen so zu neuen Ehren. Heimische Pflanzen sind gegenüber teuren Züchtungen preiswert, robust und lassen sich leicht selbst vermehren (→ Seite 36/37).

Ein erster Check-up

Bevor Sie sich ans Low-budget-Gärtnern machen, sollten Sie zunächst Ihre Garten-Situation betrachten.

➤ Neben der Frage, wie langfristig Sie planen können, spielt eine Rolle, ob es ein angelegter Garten ist oder ein Neubaugrundstück.

➤ Möchten Sie grundsätzlich wenig Geld investieren oder haben Sie nur momentan andere Prioritäten?

➤ Der Standort ist ebenfalls von Bedeutung: Scheint die Sonne hinein oder werfen Nachbarhäuser tiefe Schatten? Was für einen Boden finden Sie vor (→ Seite 8/9)?

➤ Nicht unerheblich ist auch die rechtliche Situation. Eigentümer haben andere Möglichkeiten als Mieter oder Pächter eines Grundstücks.

Sie wohnen zur Miete

Als Mieter müssen Sie sich überlegen, welche Investitionen sich lohnen, und Sie brauchen für grundsätzliche Veränderungen im Garten immer das Einverständnis des Eigentümers.

➤ Alles, was Sie bei einem Umzug nicht mitnehmen können, sollte nicht zu kostspielig sein.

➤ Wenn Sie sich auf eine langfristige Nutzung einstellen, lohnt sich die Pflanzung junger, preisgünstiger oder selbst vermehrter Gehölze (→ Seite 38/39).

➤ Wenn Sie schon bald wieder umziehen, brauchen Sie preiswerte und schnellwüchsige Instant-Lösungen: Sommerblumen z. B. kosten nicht

Einfach und effektvoll: ein Holztor als Rankgerüst und Blickfang zugleich.

die Welt und verwandeln jedes Beet kurzum in ein Farbenmeer. Und mit Bastmatten aus dem Baumarkt sind neugierige Passanten im Nu aus dem Blickfeld verbannt.

Im eigenen Garten

Mit Ausnahme von Vorgaben im Bebauungsplan und in der Naturschutzsatzung können Gartenbesitzer die Gestaltung ihres Gartens frei entscheiden und langfristig planen. Stimmen Sie sich mit Ihren Nachbarn ab. So lassen sich Missverständnisse, doppelte Arbeit oder unnötige Anschaffungen vermeiden.

Neu angelegte Gärten

Hier zahlt sich die Investition in hochwertige Einrichtungen aus, denn diese sind oft haltbarer und daher günstiger als Billigware. Ein fachmännisch verlegter Gartenweg mit Natursteinen hat zwar seinen Preis, sieht aber nach zehn Jahren immer noch gut aus und frostfeste Terrakottatöpfe sind teuer, aber kaum kleinzukriegen. Versuchen Sie, Prioritäten zu setzen. Planen Sie auch einen Teil Ihres Budgets für die Anschaffung von notwendigem Werkzeug (→ Seite 28/29) und Pflanzen ein.

Naturzäune sind Kosten sparend und ohne großen Aufwand schnell gebaut.

Ältere Gärten

Wachsen Ihnen im eingewachsenen Garten große Nadelbäume über den Kopf oder bringt Sie bodendeckendes Einheitsgrün zur Verzweiflung? Nehmen Sie unerwünschte Pflanzen nach und nach heraus, und ersetzen Sie sie durch neue, um kahle Stellen zu vermeiden. Provisorien können Wunder wirken: Hässliche Terrassenbeläge verschwinden unter Holzdecks, Drahtzäune hinter Knöterich. Die Liste der pfiffigen Spar-Ideen ist lang, lassen Sie sich inspirieren (→ Seite 10/11)!

PRAXISINFO

Mietrecht im Garten

Das dürfen Sie als Mieter ohne Genehmigung:

✗ Ein neues Beet anlegen

✗ Blumen, Stauden und kleinere Gehölze pflanzen

✗ Aus der Rasenfläche eine Blumenwiese machen

✗ Alles verändern, was rückgängig zu machen ist

Dafür brauchen Sie eine Genehmigung:

✗ Den Pflanzenbestand wesentlich verändern

✗ Gehölze entfernen

✗ Bauliche Veränderungen an Terrassen, Wänden, Anlage eines Teiches etc.

✗ Große Gehölze, die man selbst gepflanzt hat, beim Umzug mitnehmen

Wünsche preiswert realisieren

Mit guter Planung können Sie bei der Gartengestaltung teure Fehler vermeiden und günstig einkaufen.
Machen Sie am besten zuerst eine Bestandsaufnahme im Garten, und erstellen Sie eine

> *Lerchensporn und Funkien fühlen sich auch im Halbschatten wohl.*

Wunschliste. Anhand einer Skizze können Sie leicht feststellen, ob sich alle Vorstellungen verwirklichen lassen. Dabei gilt das Motto: Das Wichtigste zuerst. Der Rest kann warten.

Immer der Größe nach

Planen Sie zu Beginn die teuren, dauerhaften Anschaffungen, und gehen Sie dann ins Detail. Zunächst erfolgt die Festlegung der Sitzplätze, Beete, Wege und Spielbereiche. Anschließend werden Bäume und Sträucher ausgewählt und so gepflanzt, dass sie das »Gerüst« des Gartens bilden. Vergessen Sie nicht, dass Gehölze in wenigen Jahren zu stattlichen, Schatten werfenden Exemplaren heranwachsen. Pflanzen Sie also nicht zu viel!
Versuchen Sie sich vorzustellen, wie Ihr Garten in ein paar Jahren aussehen wird, und nehmen Sie dann die Feinplanung in Angriff: Stauden und Sommerblumen kann man als Lückenfüller oder Farbtupfer zwischen die übrigen Gartenelemente setzen.

Wunschpunsch mixen

Nun können Sie sich der weiteren Planung widmen:
➤ Möchten Sie Gemüse, Kräuter und Obst anbauen?
➤ Wo lässt sich der Kompost am besten verstecken?
➤ Welche Bereiche eignen sich als Kinderspielplatz?
➤ Haben Sie viel oder nur wenig Zeit für die Pflege?

Lauschige Plätze planen

Überlegen Sie, wo Sie sich im Garten bevorzugt aufhalten werden, um dort die Terrasse oder einen Sitzplatz im Grünen anzulegen:
➤ Um die Eignung des Platzes zu testen, probieren Sie vorher am besten zu verschiedenen Tageszeiten unter-

TIPP

>>schnell und üppig

Sicht- und Windschutz

Bereits einfache Bastmatten sind wirkungsvolle Wind- und Sichtstopper. Höhere Ansprüche erfüllen Pflanzkästen aus Holz mit integriertem Rankgitter (im Gartencenter), an denen Klettergewächse hässliche Aussichten und kahle Stellen verdecken.

schiedliche Bereiche im Garten oder rund ums Haus aus.

➤ Überlegen Sie dann, wo Sie einen Sichtschutz brauchen, um ungestört Ihren Sitzplatz zu genießen.

➤ Wo platzieren Sie blühende Sträucher und Beete, damit sie von Terrasse oder Sitzplatz und vom Wohnzimmer aus gut zu sehen sind?

Pflanzen richtig auswählen

Jedes Gewächs hat bestimmte Ansprüche an Licht, Boden, Klima und an die Wassermenge. Damit Pflanzen auf dem vorgesehenen Standort gesund bleiben und üppig wachsen, ist die sorgfältige Auswahl der Pflanzen sehr wichtig. (→ Seite 44–51). Über die örtlichen Wachstumsbedingungen können Ihnen auch Gartenbaubetriebe in Ihrer Gegend Auskunft geben.

➤ Beobachten Sie die Sonneneinstrahlung. Gemüse und Sommerblumen z. B. kommen ohne pralle Sonne nicht voran, ein Rhododendron dagegen leidet dort.

➤ Bei einer Krümelprobe wird etwas Boden zwischen den Fingern zerrieben. So können Sie trockenen, sandi-

> *Sommerblumen wie Roter Lein und Ringelblumen lieben sonnige Plätze.*

gen Boden von feucht-lehmigem unterscheiden. Sandböden sind nährstoffarm und eignen sich für anspruchslose Pflanzen in Bezug auf Wasserversorgung und Nährstoffe. Auf Lehmböden dagegen wachsen bevorzugt Pflanzen mit höherem Wasser- und Nährstoffbedarf.

➤ Berücksichtigen Sie auch die Klimaverhältnisse: Am Oberrhein können sogar Feigenbäume gedeihen, während sie in frostreichen Regionen erfrieren würden. ■

CHECKLISTE

Planung Schritt für Schritt

✔ Schreiben Sie alle Wünsche auf eine Liste.

✔ Zeichnen Sie eine maßstabsgetreue Skizze Ihres Grundstücks, und tragen Sie bereits vorhandene Elemente wie Beete, Bäume, Rasenflächen und Wege ein.

✔ Kopieren Sie den Grundriss einige Male, und zeichnen Sie Ihren Traumgarten in mehreren Entwürfen.

✔ Streuen Sie die Umrisse von Beeten, Wegen u.a. in Originalgröße mit Sand auf den Boden. Das hilft Ihnen, sich alles besser vorzustellen.

So macht Sparen Spaß

Mut zur Lücke: Kostenlose Pflanzen, verwertbare Materialien und Schnäppchen gibt es für jeden Gärtner! Für einen schönen Garten kaum Geld auszugeben, ist gar nicht so schwer. Sie brau-

> *Mit Holzresten aus dem Sägewerk entsteht ein natürlicher Wegbelag.*

chen nur Fantasie und etwas Geduld, bis sich eine günstige Gelegenheit als Lösung bietet.

Pflanzen zum Nulltarif

Vielen Pflanzen wird ihr üppiger Wuchs nach einiger Zeit zum Verhängnis. Das Beet wird zu klein, die Hecke zu dicht und schon greift so mancher Gärtner zum Spaten, lichtet gründlich aus und weiß dann nicht wohin mit den überzähligen Stauden und Sträuchern.

➤ Fragen Sie Ihren Nachbarn, ob er Ableger übrig hat, oder hängen Sie beim Gärtner oder im Supermarkt einen Zettel ans »Schwarze Brett«. Oft können Sie sich Stauden, Gemüsepflänzchen oder Gehölze dann kostenlos abholen.

➤ Saatgut können Sie selbst ernten, wenn an Sommerblumen, Stauden und Kräutern die Samen reif sind. Geübte Sammler haben immer einige leere Tütchen in ihrer Tasche. In öffentlichen Parks fragen Sie aber vorher die zuständigen Gärtner. Bedenken Sie auch, dass geschützte Pflanzen in freier Natur grundsätzlich tabu sind.

➤ Viele Pflanzen bilden auch Ableger oder Ausläufer oder man kann Triebspitzen als Stecklinge von ihnen nehmen (→ Seite 38/39).

Auf Schnäppchenjagd

➤ In Gartenzeitschriften werden Pflanzen oft billig oder zum Tausch angeboten.

➤ Achten Sie auf Tauschbörsen von Gartenbauvereinen und Kleingartenanlagen.

➤ Raritäten und eine große Auswahl an Zubehör findet man auf Gartenausstellungen, die regelmäßig im Frühjahr stattfinden.

➤ Gartencenter und Gartenabteilungen in Baumärkten bieten oft Sonderangebote an. Achten Sie dabei aber auf eine gute Qualität.

Aus Alt mach Neu

Für Gartenmöbel, Rasenmäher und Baumaterial (Steine, Holz) sind Kleinanzeigen lokaler Tageszeitungen oder Anzeigenblätter die richtige Adresse. Gebrauchte Dinge in gutem Zustand bekommen Sie hier zu günstigen Preisen.

➤ Eine Fundgrube für Kreative sind Wertstoffhöfe, Altmetallhändler und der Sperrmüll. Ausgediente Stühle und Tische oder alte Pflanzgefäße zaubern frisch lackiert neuen Glanz auf Ihre Terrasse.

> *Schon eine doppelt gespannte Schnur reicht, um duftenden Wicken den nötigen Halt zu geben.*

Reste von Drahtzäunen und Baustahlgitter lassen sich z. B. als Rankhilfen einsetzen.

➤ Nach Holzresten für eine kleine Terrasse oder eine selbst gebaute Pergola kann man in Sägewerken und Schreinereien fragen.

➤ Hölzer für Zäune sowie Rindenspäne zum Mulchen (→ Seite 30/31) oder als Wegbelag fallen bei Waldarbeiten im Forst an. Fragen Sie den zuständigen Förster oder Waldbauern danach.

➤ Pflastersteine oder Klinker bleiben oft bei Abrissarbeiten übrig oder werden als Bauschutt zu Deponien gebracht. Über nicht mehr benötigte Wegplatten gibt das Straßenbauamt Auskunft.

➤ Auch im Haushalt können Sie vieles wieder verwerten: Joghurtbecher und die Plastikschalen, in denen Beerenobst verkauft wird, eignen sich für Aussaaten und die Stecklingsvermehrung (→ Seite 36/37 und 38/39).

➤ Wer kleine Pflänzchen umsetzt, verwendet dazu gewöhnlich ein Pikierholz. Nicht nötig – eine dicke Stricknadel tut es auch.

➤ Suchen Sie einen hübschen Pflanztrog für die Terrasse? Fragen Sie auf dem Wochenmarkt oder beim Gemüsehändler nach höheren Obstkisten aus Holz. Sie brauchen nur Folie hineinzulegen und festzutackern – fertig ist der Pflanzkorb. ■

PRAXISINFO

Material (fast) zum Nulltarif

Zum Zubehör aus dem Gartencenter gibt es günstige und unkonventionelle Alternativen, z. B.:

✗ Anzucht: Plastikbecher

✗ Bewässerung: Mulchen

✗ Dünger: Kompost

✗ Sonnenschutz: Stoffrest und Wäscheklammern

✗ Pflanzenschutzmittel: selbst hergestellter Sud

✗ Übertöpfe: Blechdosen, Span- oder Bastkörbe

✗ Wegbeläge: Rasen, Rindenmulch, Kies

✗ Terrassenbelag: Holzdecks, Kieselpflaster

✗ Rankhilfen, Stützstäbe: Weiden- oder Haselruten

✗ Zäune: Weiden- oder Haselruten

Zäune und Trennelemente gestalten

Zäune und Trennelemente halten neugierige Blicke fern und sorgen im Garten für eine anheimelnde, geschützte Atmosphäre.

Zäune dienen nicht nur der äußeren Begrenzung des Grundstücks. Auch innerhalb des Gartens trennen sie verschiedene Nutzungsflächen wie Gemüse- und Blumenbeete oder Rasenbereiche voneinander ab. Neben dem praktischen Effekt, dass so

Dieser Flechtzaun ist noch lichtdurchlässig, aber ausreichend blickdicht.

auch unerwünschte Wilderer im Garten wie z. B. Hunde oder Füchse fern gehalten werden, haben Zäune auch eine optische Wirkung, die jedem Garten eine individuelle Struktur geben. Für den Sicht- und Windschutz eignen sich gezielt eingesetzte Trennelemente wie z. B. Hecken, Holztrennwände aus dem Baumarkt sowie Pergolen, Flechtzäune, Rankgerüste und leicht zu befestigende Bastmatten oder Leinenstoffe, die nicht nur einfach aufzubauen, sondern auch bei Bedarf schnell wieder abzunehmen sind.

Grüne Grenzen

➤ **Hecken:** Die schönste und haltbarste Abgrenzung ist die Hecke. Geschnitten beansprucht sie wenig Platz, frei wachsend macht sie wenig Arbeit. Besonders schnellwüchsige Laubgehölze sind Hainbuche und Liguster und die Nadelgehölze Fichte und Thuja, wenn sie jährlich geschnitten werden. Eine Hecke aus Apfelrosen (*Rosa rubiginosa*) verwehrt mit ihren

Stacheln sogar Katzen den Zutritt. Hasel, Holunder, Hundsrose, Schlehe, Weißdorn und andere Wildsträucher sind als wurzelnackte Gehölze ohne Topf (→ Seite 24/25) preisgünstig und wachsen rasant. Ihre verschiedenen Blütenfarben und Früchte machen sie zu jeder Jahreszeit zum dekorativen Blickfang.

➤ **Lebende Zäune:** Natürlich und originell wirken Zäune und Trennelemente aus Weidenruten, die man sich z. B. nach dem jährlichen Rückschnitt im zeitigen Frühjahr oft kostenfrei beim städtischen Gartenamt abholen kann. In freier Natur ist es aufgrund von Artenschutzbestimmungen nicht erlaubt, Weidenruten einfach abzuschneiden. Die Ruten stecken Sie in einem Winkel von circa 60 Grad schief in den gelockerten Boden, sodass sie ein diagonales Gitter bilden. Alle 30 cm sollte eine Weide im Boden stecken. Verbinden Sie einige Kreuzungspunkte mit Draht oder Schnur. Die Weiden wachsen an und treiben

aus, daher sollten Sie einen solchen Zaun jährlich mindestens einmal schneiden.

Maschendraht & Co

➤ **Drahtzäune** sind billig, dauerhaft und halten (ab einer gewissen Höhe) Hunde und Füchse fern. Nur schön sind sie nicht. Lassen Sie die Maschen einfach von Kletterpflanzen (→ Praxisinfo) beranken oder pflanzen Sie Sträucher davor: In kurzer Zeit verschwindet der Zaun im Blattwerk und Blütenmeer. Auch der Jägerzaun, eine weitere günstige Zaun-

variante, lässt sich so geschickt kaschieren.

➤ **Staketenzäune** sind die klassischen Zäune aus senkrechten Holzpfählen, die ganz einfach mit Querlatten oder Draht fixiert werden. Beim örtlichen Forstamt können Sie sich für wenig Geld ungeschälte Hanikel, das sind gerade, runde oder halbrunde Pfähle aus Schwachholz (fällt bei Auslichtungsmaßnahmen im Wald an), besorgen.

➤ **Niedrige Bretterzäune** aus waagerecht an die Pfosten genagelten Brettern wirken ruhig und rustikal. Sie sind flacher als ein Jäger- oder Staketenzaun, reichen aus, um die Grundstücksgrenze optisch zu markieren und verbrauchen nicht viel Material.

Sichtschutz und Trennelemente

Ein Sichtschutz am Sitzplatz ist meist nötig, um auf kleinen Grundstücken noch etwas Privatsphäre zu schaffen. Die einfachste Variante sind blickdichte Sichtschutzwände aus bereits imprägniertem Holzlattengeflecht, die Sie im Baumarkt finden. Schöner und günstiger sind ebenfalls dort erhältliche Rankgerüste aus Holzgittern.

Lässt man schnellwüchsige Rankpflanzen daran emporwachsen, erobern diese innerhalb weniger Wochen das Gerüst und bieten dann einen ebenso guten Sichtschutz. Auch Baustahlmatten eignen sich als Rankgerüst für Kletterpflanzen (→ Seite 10/11). Ausreichend abgeschirmt ist man zudem mit Hilfe von Schilf- oder Reisigmatten, die man einfach mit Draht oder Schnur an Maschendrahtzäunen und leichten Haltegerüsten befestigen und bei Bedarf schnell wieder abnehmen kann. ■

Wege auf Schritt und Tritt

➤ **Wege sind dort nötig, wo Sie sehr häufig gehen und trockenen Fußes ans Ziel gelangen möchten: zur Haustür, zum Kompost oder im Gemüsegarten.**
Bauen Sie Wege nur, wo sie wirklich gebraucht werden. In kleinen Gärten zergliedern viele Pfade das Grundstück zu stark. Aus gestalterischen Gesichtspunkten sollten Wege möglichst sanft geschwungen angelegt werden. Wegebau ist eine Kunst für sich, Einfahrten und Zugänge ins Haus sollten Anfänger lieber vom Fachmann verlegen lassen, aber kleine Pfade im Garten, die keiner großen Belastung standhalten müssen, kann man leicht selber bauen.

Natürliche Wegbeläge

Material zum Wegebau bietet die Natur gratis im Überfluss. Vor dem Verlegen müssen Sie den Untergrund ausreichend befestigen, damit er nicht mit der Zeit nachgibt. Für Transportzwecke sollte der Weg später auch breit genug sein.

➤ **Holzpfade:** Dieser natürliche Wegbelag besteht aus ca. 15 cm dicken Holzscheiben, die im Sandbett verlegt werden. Denken Sie daran, dass Holzwege bei Regen rutschig werden. Dagegen hilft ein feinmaschiges Drahtgeflecht, das darüber genagelt wird.

➤ **Rindenwege:** Schnell gebaut federn Pfade aus Rindenspänen jeden Schritt weich ab und duften herrlich nach Wald. Man bekommt sie nach Baumfällarbeiten im Wald oder für wenig Geld in Säcken im Gartencenter. Über einen 10 bis 15 cm dicken Unterbau aus grobem Schotter verteilen Sie eine ca. 6 cm dicke Schicht aus Holzschnitzeln. Das Material verrottet mit der Zeit, daher müssen Sie jährlich nachstreuen.

➤ **Rasenwege:** Im Gemüsegarten, zwischen Staudenbeeten oder in der ungemähten Blumenwiese ist der Rasenpfad unübertrefflich günstig. Kürzen Sie das Gras regelmäßig auf 4 cm, so läuft es sich am angenehmsten. Wenn der Weg genauso breit ist wie Ihr Rasenmäher, geht das Mähen besonders schnell.

Beläge aus Kies und Steinen

➤ **Natursteine** sind zweifelsohne die schönsten Wegbeläge. Am günstigsten sammeln Sie die Steine selbst, z. B. flache Flusskiesel oder beziehen das Material aus einem nahe gelegenen Steinbruch. Auch hart gebrannte Ziegel und Klinker sehen natürlich

Mit Stufen aus Natursteinen ist auch ein Kiesweg in Hanglage möglich.

> *Exakt auf die Breite des Rasenmähers angelegt, lässt sich dieser von Staudenbeeten gesäumte Weg problemlos mähen.*

TIPP

Traumhafte Muster

An Flüssen und am Meer finden Sie die schönsten Kieselsteine in verschiedenen Farben, Formen und Größen. Wenn Sie die Mühe nicht scheuen, können Sie hier Material für originelle Weg- und Terrassenbeläge sammeln. Um die Fugenbreite gering zu halten, nehmen Sie möglichst flache, eiförmige oder längliche Kiesel. Zu kleine Steine liegen nicht stabil genug, es sei denn, Sie drücken Sie hochkant in das Sand-Zement-Bett (→ Kieselsteine).

aus. Preiswerter als Natursteine sind Betonsteine aus dem Baustoffhandel.

➤ **Kieswege:** Günstiger als im Baumarkt ist es, wenn Sie das Material direkt bei einer Kiesgrube kaufen. Füllen Sie den Kies über einer Unterbauschicht aus 20 cm verdichtetem Schotter (Ø 1 cm) etwa 5 cm hoch auf.

➤ **Kieselsteine:** Originelle Muster können Sie mit einem Kieselsteinpflaster gestalten (→ Tipp).

➤ Heben Sie dazu die vorgesehene Fläche etwa 20 cm tief aus, und füllen Sie eine 10 cm hohe Schicht Schotter oder groben Kies ein.

➤ Darauf verteilen Sie eine 8 cm hohe Mischung aus drei Teilen trockenem gewaschenen Sand und einem Teil Zement.

➤ Legen Sie die Steine in die Zement-Sand-Mischung, und klopfen Sie sie fest.

➤ Überbrausen Sie das Ganze mit Wasser, bis alles gut durchnässt ist. Nach mehreren Tagen härtet der Zement aus und die Steine sitzen fest.

CHECKLISTE

Das sollten Sie beim Verlegen beachten

✔ Wege grundsätzlich breit genug anlegen

✔ Ca. 1 % Gefälle zum Rand bilden, damit Regenwasser seitlich abfließen kann

✔ Pflaster eben verlegen, sodass sich keine Stolpersteine bilden

✔ Den Unterbau der Pflasterhöhe entsprechend tief genug anlegen, damit die Steine im Winter nicht auffrieren

✔ Randsteine für seitlichen Halt setzen

✔ Polsterpflanzen zwischen den Steinen verhindern das Auswaschen der Fugen

Terrassen und Sitzplätze

▶ **Die Terrasse ist das Herzstück des Gartens. Mit guten Ideen und einfachen Mitteln gestalten Sie einen schönen, wohnlichen Sitzplatz.**
Ein Sitzplatz, ob am Haus oder mitten im Garten, darf

> Ein Sonnensegel genügt, um wohltuenden Schatten zu spenden.

nicht zu klein sein, damit auch Gäste bequem Platz nehmen können. Den richtigen Rahmen bilden berankte Klettergerüste (→ Seite 12/13). Sie schützen vor neugierigen Blicken und halten Wind ab.

Grün macht's gemütlich

Eine Sammlung verschiedener Kübelpflanzen sorgt schnell für wohnliches Gartenflair. Sie müssen dabei keineswegs anspruchsvolle, mediterrane Kübelpflanzen besorgen. Auch mit winterharten Stauden und Zwerggehölzen in Töpfen zaubern Sie sich ansprechendes Grün an der Gartentisch. Ihnen reicht die wärmende Hauswand zum Überwintern. Ebenso schmücken robuste Zimmerpflanzen wie Birkenfeige, Hibiskus oder Schönmalve Ihren Sitzplatz von Mai bis Oktober. Danach zieren sie wieder die Fensterbänke im Haus (→ Praxisinfo).

Secondhand-Töpfe

Es muss nicht immer Terrakotta sein! Originell und kostenlos sind Blumentöpfe all' italiana: Da wächst und wuchert es aus alten bedruckten Olivenölkanistern und Tomatendosen! Wenn Sie die sauberen Blechgefäße vor dem Bepflanzen innen und außen mit Klarlack überziehen, rosten sie nicht so schnell. Statt schwerer Tonkübel können Sie große Kompostkörbe aus Weide oder hohe hölzerne Obstkisten vom Wochenmarkt innen mit Folie auslegen und bepflanzen. Als Blumenampel eignet sich auch ein alter Drahtkorb. In Zinkwannen und ausge-

TIPP

>> schnell und üppig

Terrassenbeläge aus Holz

Holzterrassen aus unbehandelter Lärche oder imprägnierter Kiefer sind preisgünstig und warm: Sie können schon im Frühling nur mit einer Wolldecke darauf liegen. Im Grunde sparen Sie sich damit teure Gartenliegen. Auf einen Unterbau aus Vierkanthölzern, die auf Betonfüßen oder im Kiesbett ruhen, schrauben Sie ca. 3 cm dicke und 8–15 cm breite gehobelte Holzbretter oder quadratische Holzdecks aus dem Baumarkt. Auch hässliche Steinbeläge können nen Sie auf diese Weise verschwinden lassen.

dienten Waschzubern finden Kletterpflanzen und Gehölze genügend Raum zum Wurzeln. Weniger hübsche Gefäße kaschieren Sie mit Bast- oder Schilfmatten. Denken Sie daran, Löcher in den Boden zu bohren, damit überschüssiges Gießwasser ablaufen kann.

Möbel für draußen

Teakholz ade! Eine Biertischgarnitur ist preiswert, bietet Platz für zehn Leute und lässt sich im Handumdrehen wegklappen. Mit selbst bezogenen Polstern aus Schaumstoff und einer hübschen Tischdecke gewinnt sie beträchtlich an Dekorationswert. Wer einen regensicheren Aufbewahrungsort hat, kann als Möbel einfache Holzklappstühle verwenden. Mit buntem Acryllack »möbeln« Sie gebrauchte Tische und Stühle vom Sperrmüll wieder auf.

Sonnenschutz mal anders

Wer das Geld für einen Sonnenschirm sparen möchte oder wem der Schirmfuß ständig im Weg ist, kann ein dreieckiges Boots- oder Surfsegel mit zwei Haken an der Hauswand befestigen. Die

Etwas Farbe zaubert aus einfachen Gartenstühlen eine fröhliche Sitzgruppe.

Spitze spannen Sie bis zu einem Stab, den Sie im Boden vor der Terrasse verankern, oder befestigen sie an einem nahen Baum. Eine mit Wäscheklammern an zwei gespannten Leinen befestigte Markise aus Bettlaken oder Stoffresten erfüllt den gleichen Zweck und kann bei Regen schnell wieder abgenommen werden. Für südliches Flair sorgen Schilf- oder Bastmatten, die zwischen den Holzbalken einer Pergola ausgerollt werden können. ■

Ein neuer
Gast im Beet

Vielen mitgebrachten Wegrandschätzen und ausrangierten Dingen, die vergessen vor sich hin schlummern, kann man mit etwas Fantasie neues Leben einhauchen. Aus einer einfachen Weidenrute und einem Holzklotz kannst du zum Beispiel mit Hammer und Nägeln in kurzer Zeit eine lustige Figur zusammenbauen, die das Gemüsebeet bewacht oder zwischen vielen Sommerblumen die Blicke auf sich zieht.

Das Material lässt sich beliebig variieren, je nachdem was der Werkzeugkasten gerade hergibt. Das Loch im Holzklotz, in das man die Weidenrute zur Befestigung hineinsteckt, lässt du am besten vorher von einem Erwachsenen mit einer Bohrmaschine bohren. In den Stock kannst du nach Indianerart noch hübsche Muster ritzen, indem du einfach kleine Stücke aus der Rinde herausschneidest. Je länger die Rute ist, desto

mehr schwankt die Figur später im Wind. Nun braucht der Holzklotz noch ein Gesicht. Entscheide du, ob er fröhlich oder grimmig schauen soll. Als Haare eignen sich z. B. Bast, Moos und Holzwolle oder eine knorrige Wurzel als Hut. Wenn du möchtest, kannst du den neuen Beetbewohner zum Schluss noch ganz nach deinem Geschmack mit bunten Stoffbändern, Zweigen, Steinen oder Wildfrüchten verzieren.

So entsteht die Beetfigur

🕐 **Zeitbedarf:** 30 Minuten

Material:

✗ 1 Kantholz ca. 10 x 5 x 5 cm

✗ 1 Holzstock

✗ mehrere Nägel, Unterlegscheiben und gebogene Krampennägel

✗ etwas Holzwolle (oder Bast)

✗ evtl. etwas Holzleim

Schlag auf Schlag

1

Überleg dir, welches Gesicht deine Figur machen soll. Mit ein paar gezielten Hammerschlägen bilden Nägel, Krampen und Unterlegscheiben Augen, Nase, Mund und Ohren.

2

Kopfputz drauf

Nun kommen die Haare dran. Die Holzwolle wird etwas zusammengedrückt und mit Hilfe von Krampennägeln am Kopf befestigt. Danach kannst du sie noch stutzen und dir eine Frisur ausdenken.

Stock befestigen

3

Zum Schluss wird noch der Stock in das vorgebohrte Loch im Holzklotz gesteckt. Wenn er nicht von selbst hält, kannst du etwas Holzleim zu Hilfe nehmen.

Bunter Blütenrausch

Stauden, Sommerblumen, Zweijährige und Zwiebelblüher verwandeln Ihren Garten im Handumdrehen in ein Blütenmeer. Blütenträume im Garten – und das soll wenig kosten? So ist es: Es gibt jede Menge Blumen, die sich selbst aussäen, Brutzwiebeln bilden oder mit Ausläufern ihre Umgebung erobern. Im eigenen Garten entstehen oft wunderschöne zufällige Blütenkompositionen, die Sie jederzeit durch Umsetzen beliebig wieder verändern können.

Zauberhafte Zwiebeln

Zwiebelblumen, deren Blüten an ungeahnten Stellen unter Gehölzen, in Rasen und Beet erscheinen, läuten das Gartenjahr ein. Manche Arten wie Schneeglöckchen, Traubenhyazinthen, Wildkrokusse und Wildnarzissen bilden Jahr für Jahr größere »Familien«. Pflanzen Sie im Herbst einige Zwiebeln in den Halbschatten von Sträuchern und Bäumen. Im Frühling scheint die Sonne durch das noch blätterlose Laubdach und lässt die bunten Blüten fröhlich leuchten. Im Sommer ziehen die Zwiebeln ihre Blätter ein und sammeln Kraft für das nächste Jahr. Auch im Rasen breiten sich Wildzwiebeln aus. Mähen Sie das Gras aber erst dann, wenn deren Blätter vertrocknet sind.

Heiße Sommerliebe

Einjährige Sommerblumen und zweijährige Arten (→ Seite 44/45) bilden im Gegensatz zu Stauden keine dauerhaften Triebe, trumpfen dafür aber schon nach kurzer Zeit mit üppiger Blütenfülle auf und bilden reichlich Samen. Besonders hübsch sehen die kurzlebigen Schönheiten zwischen kleinen, neu gepflanzten Gehölzen und Stauden aus. Unschlagbar in Vitalität und Vermehrungsfreude sind Jungfer im Grünen, Ringel-

> *Weidenruten eignen sich bestens als Rankhilfen und Stützen für hochwüchsige Stauden.*

> *Blauer Ziest bildet in diesem üppigen Staudenbeet einen hübschen Kontrast zum gelb blühenden Frauenmantel.*

Gestaltung mit Zufallspflanzen

➤ Halten Sie Abstände ein, und pflanzen Sie nicht zu eng.

➤ Weiße Blüten sind angenehm zwischen farblich nicht harmonierenden Blüten.

➤ In geometrischen Beetformen bekommen bunte Blumenmischungen eine überschaubare Struktur.

➤ Beetbegrenzungen aus Buchs geben der Blütenfülle einen schönen Rahmen. ■

blumen, Seidenmohn und Steinkraut. Auch Zweijährige, die erst im Folgejahr blühen, wie Nachtkerzen, Königskerzen und Mondviolen verteilen ihre Samen freigiebig. Schneiden Sie im Sommer die verblühten Stängel nicht ab, dann säen Wind und Vögel die Samen aus. Wenn Sie die frischen Keimlinge von Blumen und Unkraut unterscheiden lernen (→ Seite 40/41), können Sie sie nach Belieben umpflanzen oder ausdünnen.

Treue Begleiter

Auch mit einer ganzen Reihe von Stauden (→ Seite 46/47) lässt sich so ein »Zufallsgarten« schaffen. Manche Arten wie Günsel, Maiglöckchen und Lilien erobern mit Ausläufern ihre Umgebung und ziehen immer größere Kreise. Greifen Sie ruhig mit Spaten und Durchsetzungswillen ein, wenn die »Energiebündel« im wahrsten Sinne des Wortes zu weit gehen. Die abgetrennten Teile können Sie dann an anderer Stelle wieder neu einpflanzen oder verschenken.

Samen bildende Stauden wie Frauenmantel, Glockenblumen, viele Primel-, Storchschnabel- und Veilchenarten tauchen nach einiger Zeit auch an anderen Stellen im Garten auf. Das kann wunderbare Farbkompositionen ergeben. Sie sollten allerdings immer regulierend eingreifen. Vereinzeln Sie zu eng stehende Pflanzen oder reißen Sie Blumen heraus, wenn sie farblich so gar nicht zu ihren Nachbarn passen.

PRAXISINFO

Fester Halt für dünne Stängel

So können Sie verhindern, dass hochwüchsige Sommerblumen und Stauden bei Wind und Regen umkippen:

✗ Statt teurer Staudenhalter und Bambusstäbe eignen sich auch lange, gerade Ruten von Haseln und Weiden.

✗ Zu einem Ring gebogen und um die Stauden gelegt, eignen sich Weidenruten auch für horstwüchsige Stauden.

✗ Sicheren Halt haben die Stängel, wenn man sie mit Blumenbast, -draht oder Paketschnur an den Ruten festbindet.

Obst und Gemüse

Auf einem sonnigen Beet gedeihen Beerenobst, Gemüse, Kräuter und Salat, die Ihren Speiseplan um gesunde Leckereien bereichern.
Selbst gezogene Salate frisch aus dem Garten sind unvergleichlich knackig und gegen eigene Erdbeeren schmecken alle gekauften Früchte fad. Trotzdem sollten Sie Gemüse und Obst nur anbauen, wenn

Kosten und Nutzen in einem angemessenen Verhältnis stehen. Im Sommer sind Gemüse und Salate auch beim Gärtner frisch und preisgünstig! Ein Nutzgarten lohnt sich finanziell erst ab einer gewissen Größe und wenn Sie sich ihm intensiv widmen können. Der Anbau von Gemüse, das viel Platz braucht wie Kartoffeln, Kohl oder Zwiebeln, lohnt der Mühe nicht.

Naschen erlaubt
Flach wurzelndes Beerenobst sollte am Boden nur oberflächlich bearbeitet werden. Harken Sie im Frühling gesiebten Kompost ganz leicht in die oberste Bodenschicht ein, und mulchen Sie mit frischem Rasenschnitt oder bei Erdbeeren mit Stroh (→ Seite 30/31). Nach der Ernte im Frühsommer erfolgt die Auslichtung. Bei Himbeeren schneiden Sie alle abgetragenen Ruten bis auf den Boden zurück.
➤ **Erdbeeren** finden überall Platz, zum Naschen reichen schon fünf bis zehn Pflanzen. Nehmen Sie spätestens alle

>  Mangold mit roten Stielen schmeckt nicht nur gut, er sieht auch dekorativ aus.

drei Jahre Ableger, und setzen Sie sie auf ein neues, gut gedüngtes Beet um.
➤ **Johannisbeeren** und **Stachelbeeren** sind sehr ergiebig. Von nur einem Busch ernten Sie bereits erstaunlich viele Früchte. Beide Sorten geben sich auch mit Halbschatten zufrieden.
➤ **Himbeeren** bilden immer neue Ausläufer, die sich leicht verpflanzen lassen. Die langen Triebe sollten abgestützt werden und eignen sich bestens, um Maschendrahtzäune zu begrünen (→ Seite 12/13).

Gemüse light – jederzeit
Damit Gemüse und Salate gedeihen, brauchen sie ein

> Johannisbeeren sind robust, preiswert und ein beliebtes Naschobst.

sonniges Beet und guten, gelockerten Boden. Düngen Sie mit Kompost und Brennnesseljauche (→ Seite 32/33).

➤ **Frühlingsfrisch:** Im März ausgesät, können Sie Kerbel, Kresse, Pflücksalat, Radieschen, Rukola und Schnittsalat schon nach wenigen Wochen genießen. Streuen Sie zeitlich versetzt immer nur wenige Reihen Samen aus. So ernten Sie laufend in Etappen.

➤ **Sommerbunt:** Mangold schiebt immer wieder neue leckere Stängel und Blätter nach. Auch Buschbohnen sind pflegeleicht und lohnen schon in kleiner Menge. Kinder lieben es, Erbsenschoten auszupulen, lassen Sie sie an Reisern in die Höhe ranken.

➤ **Winterlust:** Ab August gesäter Feldsalat ist im Herbst und Winter reif, wenn es im Handel nur teure Gewächshausware gibt. Wer im Spätfrühling einige Feldsalatpflanzen blühen und Samen bilden lässt, bekommt ganz von selbst neue Pflänzchen – kostenlos, ohne Ihr Zutun.

Für die nötige Würze

➤ **Mehrjährige Kräuter** kaufen Sie einzeln in Töpfen oder machen sich Ableger. Pflanzen Sie so viele verschie-

> *Feuerbohnen und Petersilie gedeihen selbst auf kleinstem Raum noch gut.*

dene Gewürze wie in Ihrem Garten Platz finden: Stauden-Kräuter wie Oregano, Thymian und Zitronenmelisse wachsen jahrelang am gleichen Fleck. Sie bringen Pep in jedes Essen, sind gesund und machen wenig Arbeit.

➤ **Einjährige Kräuter** wie Dill, Kerbel, Bohnenkraut, Boretsch und Petersilie säen Sie jährlich neu aus. Besonders aromatisch werden ihre Blätter an einem sonnigen, warmen Plätzchen.

PRAXISINFO

Paradiesisch günstig

Obst

✗ Beerenobst (Erdbeere, Himbeere, Johannisbeere und Stachelbeere)

✗ Rharbarber

Gemüse

✗ Radieschen

✗ Rukola

✗ Schnitt- und Pflücksalat

Kräuter

✗ Bohnenkraut

✗ Pizzakräuter (Oregano, Salbei, Thymian)

✗ Salatkräuter (z. B. Dill, Kerbel, Kresse, Rukola)

Hecken und Gehölze

Kleine Bäume, blühende Sträucher und blickdichte Hecken verwandeln jedes kahle Grundstück in einen wohnlichen Garten.
Gehölze sind elementare Bestandteile jedes Gartens: Bäume und Sträucher spenden Schatten und gliedern das Grundstück oder betonen bestimmte Ecken. Hecken schützen vor neugierigen Blicken und bremsen sehr wirkungsvoll den Wind.

> *Buchsbäumchen sind leicht zu vermehren und anspruchslos.*

Robuste, schnellwüchsige Gehölze können Sie im Handel preisgünstig bekommen. Kaufen Sie nur Arten, die zu dem vorgesehenen Standort passen (→ Seite 8/9 und 48/49). Lassen Sie sich beraten oder lesen Sie die wichtigsten Pflegeanleitungen auf dem Namensschild durch. Viele Ziersträucher sind so anspruchslos, dass sie mit fast allen Standortbedingungen zurechtkommen.

Weniger ist mehr

Man unterschätzt leicht, wie groß und ausladend Gehölze werden können, und pflanzt sie daher oft viel zu dicht. Nach wenigen Jahren muss die Hälfte der Sträucher dann wieder entfernt oder mit der Gartenschere klein gehalten werden. In die breiten Lücken, die beim Pflanzen in größerem Abstand zwischen den Junggehölzen entstehen, säen Sie vorerst Sommerblumen oder pflanzen durch Teilung selbst vermehrte Stauden. Dort, wo Sie Sichtschutz wünschen, können Sie auch Riesensonnenblumen säen.

Klein, aber fein

Kleine Pflanzen sind generell preisgünstiger als große und wachsen leichter an. In wenigen Jahren haben sie den Vorsprung der Größeren aufgeholt. Wenn möglich, nehmen Sie wurzelnackte Gehölze ohne Erdballen und keine Containerpflanzen. Diese kann man zwar nur im Herbst oder Frühling pflanzen, aber viele Arten gedeihen langfristig besser als Containergehölze – und sind deutlich preiswerter.

Klare Linien schaffen

Die schönste Gartenbegrenzung ist eine Hecke. Wer an einer befahrenen Straße wohnt, möchte die Autos auch im Winter nicht sehen. Gegen Lärm können Hecken leider kaum etwas ausrichten. Hier kommen immergrüne Nadelgehölze in Betracht: Schnellwüchsig und preisgünstig sind Fichten und Thujen. Beide brauchen viel Sonne, sonst werden die unteren Partien kahl und sehen hässlich aus. Laubhecken wirken lebendiger und freundlicher als Na-

> *Die blühende Forsythie ist ein dekorativer Blickfang im Garten.*

Farbtupfer im Garten

Einzeln stehende, blühende Sträucher gehören in jeden Garten. Im Frühjahr ist die gelbe Blütenfülle der Forsythie einfach unübertroffen. Wer Wildgehölze mit Früchten vorzieht, kann die Kornelkirsche (*Cornus mas*) pflanzen. Aus den zarten gelben Blütenbüscheln im März werden essbare rote Früchte. Im Frühsommer blühen robuste und preiswerte Sträucher wie Flieder, Pfeifenstrauch, Weigelie und Wildrosen um die Wette. Später erweitern dann Buddleja, Hortensien und Spireen die Farbpalette.

Schatten- und Hausbäume

An heißen Sommertagen sitzt es sich nirgends so angenehm wie unter dem kühlenden Blätterdach eines Baumes. Planen Sie einen Schattenbaum an der Terrasse oder einen lauschigen Sitzplatz unter Bäumen im Garten mit ein. Obstbäume werfen einen angenehmen, lichtgesprenkelten Halbschatten, wachsen schnell, aber nicht in den Himmel, lassen sich in Form schneiden und belohnen die Pflege des Gärtners mit Blüten und Früchten. Ideal wäre ein Exemplar mit einem ca. 1,80 m hohen Stamm, damit Sie später bequem darunter hindurchgehen können. Wer viel Platz hat, kann sich auch ein heimisches Laubgehölz als Solitärbaum vor dem Haus heranziehen. Sämlinge von Ahorn, Birken, Linden und anderen Bäumen lassen sich problemlos in den eigenen Garten verpflanzen. Bedenken Sie, dass eine Linde jedes Jahr einen Meter höher wachsen kann. Für kleine Gärten eignen sich daher eher Eberesche, Holunder, Feldahorn oder Weißdorn. ■

delhecken. Am schönsten sind ungeschnittene Hecken aus verschiedenen Blütensträuchern, aber sie beanspruchen viel Platz.
Einen Kompromiss zwischen ganzjährigem Sichtschutz, geringem Platzbedarf und naturnaher Wirkung bieten Ligusterhecken, z. B. aus *Ligustrum vulgare* 'Atrovirens', die zudem preisgünstig sind und rasch wachsen. Wenn möglich, pflanzen Sie mit Ihren Nachbarn eine gemeinsame Hecke. Das spart Geld und der abwechselnde Schnitt macht weniger Arbeit.

CHECKLISTE

Qualität zahlt sich aus

Achten Sie beim Gehölzkauf auf folgende Merkmale:

✔ Die Pflanze hat eine gerade Wuchsform.

✔ Die Rinde ist unbeschädigt.

✔ Der Ballen ist bei Containerpflanzen und Ballenware fest und gut durchwurzelt.

✔ Der Topfdurchmesser steht im richtigen Größenverhältnis zur Pflanze.

✔ Die Wurzeln ragen nicht aus den Abzugslöchern des Topfes heraus und sind fest, weiß, gelb oder rötlich.

Schnell zu
Potte kommen

Wer seinen Blick für noch brauchbare Dinge schärft und seiner Fantasie freien Lauf lässt, kommt kostenlos und mit wenig Aufwand zu dekorativen Pflanzgefäßen. Schöne Pflanzen brauchen keine teuren Terrakotta-Töpfe, damit sie auf Balkon und Terrasse dekorativ wirken! Bevor z. B. eine Dose auf den Müll wandert, kann man sie einfach mit etwas Acryl-lack zu einem Übertopf aufwerten – nach kurzer Zeit entsteht so eine bunt gemischte Topfparade.

Auch unbehandelte Tontöpfe lassen sich schnell mit etwas wasserfester Farbe verschönern. Dazu muss man kein Picasso sein. Schon ein simples Muster kann Wunder wirken und den Topf zum Blickfang machen.
Wer sich nicht auf sein Talent verlassen möchte, kann auch zu vorgefertigten Schablonen z. B. mit floralen Mustern greifen, die es in Bastelgeschäften zu kaufen gibt. Höhere Obstkisten vom Wochenmarkt sind ebenfalls ideale Pflanzkästen für Som-

merblumen und Balkonpflanzen. Versiegeln Sie das Holz mit Acryl-Lack, schlagen Sie den Kasten innen mit Folie aus, schneiden Sie einige kleine Löcher in die Folie am Boden der Kiste und tackern Sie die Folie am oberen Rand fest – fertig!
Haben Ihre alten Stiefel ausgedient oder die Gummihandschuhe ein Loch? Gefüllt mit Blumenerde, wird daraus ein originelles Pflanzgefäß, oder stellen Sie einfach ein Wasserglas mit einem bunten Blumenstrauß hinein.

Gut Holz
Eine alte Obstkiste wird bunt bemalt zur dekorativen Blumenampel umfunktioniert.

O sole mio
Kübelpflanzen sehen in hübsch bedruckten Olivenölkanistern und Tomatendosen erst so richtig mediterran aus.

> **Flower Power**
> Ein lustiges Duo bilden bunte
> Sommerblumen in alten, ausge-
> musterten Schuhen, Gummi-
> stiefeln, -handschuhen oder
> Strohhüten, die zum Wegwerfen
> einfach zu schade sind.

Alte Liebe rostet nicht

Überschüssiges Gieß-
wasser und Regen sind
der Feind aller Blech-
dosen. Wenn Sie ver-
hindern wollen, dass
die Gefäße mit der Zeit
rosten, sollten Sie fol-
gende Vorsichtsmaß-
nahmen treffen:

✗ Stanzen Sie vorsorglich
z. B. mit einem Dosenöff-
ner oder Stichel mehrere
Löcher in den Boden.

✗ Versiegeln Sie das Blech
innen und außen dauer-
haft mit einem Anstrich
aus Klarlack.

✗ Achten Sie beim Wässern
darauf, das Wasser immer
direkt auf den Ballen der
Pflanze zu gießen und
nicht unten in den Be-
hälter.

✗ Verwenden Sie die Dose
nur als Übertopf und nicht
als Pflanzgefäß.

✗ Stellen Sie die Dose möglichst an einen vor Regen
geschützten Platz.

Die richtigen Gartengeräte

Ein großer Gerätepark führt nicht nur zu Platzproblemen. Es ist auch eine Frage des Geldes, welche Anschaffungen wirklich notwendig sind. Sparen Sie beim Kauf von Werkzeugen nicht an der Qualität, hochwertige Geräte halten ein ganzes Gärtner-

> *Der federleichte und praktische Gartensack ersetzt Korb und Schubkarre.*

leben lang. Welche Werkzeuge Sie brauchen, hängt davon ab, ob Sie einen großen Rasen besitzen, Gemüse ziehen oder hauptsächlich Blumenbeete pflegen. Wer nichts falsch machen möchte, leiht sich vor dem Kauf Geräte aus und testet, welche am besten sind.

➤ Kombi- oder Systemgeräte gibt es von verschiedenen Herstellern. Mit ihnen spart man Platz im Geräteschuppen und Geld. Sie kaufen nur einen kurzen und einen langen Stiel, auf den Sie verschiedene Geräteköpfe stecken können.

➤ Geräte aus Edelstahl mit Kunststoffstiel sind äußerst haltbar und auch für steinige Böden geeignet. Qualität hat auch hier ihren Preis, zahlt sich aber auf Dauer aus.

➤ Große, selten gebrauchte Geräte kann man ausleihen (z. B. Häcksler evtl. beim zuständigen Gartenbauamt oder im Baufachhandel).

➤ Die gemeinsame Anschaffung mit Nachbarn, Freunden etc. vermeidet unnütze Doppelausgaben.

Den Boden bearbeiten

➤ Der Spaten ist das Universalgerät zum Graben und Einpflanzen. Notfalls können Sie auch damit schaufeln. An guter Qualität sollten Sie hier nicht sparen.

➤ Die Grabegabel ersetzt den Spaten beim Umgraben und Pflanzen. Mit ihr lockern Sie die Erde schonend.

➤ Der Krail oder Vierzahn hat vier umgebogene, lange Zinken und ist das Lieblingsgerät vieler Gärtner: Er eignet sich zum Rechen, zum Hacken von Unkraut und zum Lockern des Bodens.

➤ Mit dem Rechen harken Sie die Beete für Aussaat und Pflanzung feinkrümelig und glatt, säubern Kieswege und kratzen Moos aus dem Rasen.

➤ Eine Handschaufel brauchen Sie zum Pflanzen von Blumen und Blumenzwiebeln, zum Düngerstreuen und zum Bepflanzen von Töpfen und Kübeln.

➤ Nahezu unentbehrlich ist der Unkrautstecher. Mit seinem langen, schmalen Kopf holen Sie die Pfahlwurzeln von Löwenzahn, Ampfer oder Disteln aus dem Boden.

➤ Die Ziehhacke ist der Feind aller Unkräuter. Das scharfe Messerblatt schneidet alle Wurzeln ab, wenn Sie es rückwärts gehend durch die Erde ziehen.

Rasen und Kompost

➤ Im kleinen Garten reicht ein Handspindelmäher, er schnurrt leise vor sich hin und braucht keinen Sprit.

➤ Rasenmäher in guter Qualität bekommen Sie günstig im Baumarkt. Im Gartenfachhandel werden auch gebrauchte elektrische oder Benzin-Rasenmäher zu fairen Preisen angeboten.

➤ Ein Rasenrechen mit halbrund gebogenen Zinken sammelt gemähtes Gras ab und kann auch zum Glattrechen von Beeten und zum Harken von Wegen verwendet werden. Der Fächerbesen mit seinen federnden Zinken eignet sich besonders für Herbstlaub. Mit beiden Geräten können Sie auch Moos aus dem Rasen entfernen.

➤ Die Schubkarre ist nur in großen Gärten nötig, in kleinen reicht eine preisgünstige Gartentasche (erhältlich im Gartencenter).

➤ Eine etwa zwei Quadratmeter große Plastikplane z. B. aus Teichfolie oder stabiler Gitterfolie ist äußerst praktisch für viele Gartenarbeiten. Man kann das Laub einfach darauf kehren und es gebündelt forttragen oder den fertigen Kompost darauf sieben,

> Mit praktischen Steckverbindungen lassen sich verschiedene Aufsätze problemlos austauschen.

dann bleibt der Untergrund schön sauber. Man kann auch schwere Pflanzballen darauf stellen und sie Rücken schonend über den Rasen ziehen.

➤ Das Kompostsieb bauen Sie sich am billigsten selbst: Über einen stabilen, etwa 1,20 x 70 cm großen Holzrahmen spannen Sie feinmaschigen Hühnerdraht.

Stutzen, Schnippeln, Schneiden

➤ Eine hochwertige Gartenschere mit einer Klinge aus gehärtetem Stahl, Saftrille und Drahtschneide-Einrichtung ist unverzichtbar. Hier rechnet sich Qualität! Es gibt auch spezielle Modelle für Linkshänder.

➤ Die Handheckenschere mit Messer aus gehärtetem Stahl, Wellenschliff und Stoß dämpfendem Gummipuffer ersetzt bei kleineren Hecken teure Elektroscheren. ■

Wasser sparen

Mit einfachen Tricks beschränken Sie den Wasserverbrauch im Garten, ohne dass Ihre Pflanzen deshalb dürsten müssen.
Wenn Sie häufig, aber wenig wässern, dringt das Wasser

> Strohmulch hält die Früchte sauber und die Feuchtigkeit bleibt im Boden.

nur wenige Zentimeter in den Boden – die tiefer liegenden Wurzeln aber gehen leer aus. Die wichtigsten Regeln beim Gießen lauten:
➤ Lieber seltener, dafür aber durchdringend wässern.

➤ Das Wasser sanft und nur mit wenig Druck fließen lassen, sonst verschlämmt der Boden zu sehr.
➤ Die Erde und nicht die Pflanzen benetzen, das beugt Pilzkrankheiten vor.
➤ Am besten abends oder früh morgens gießen.

Es lebe die Regentonne
Regenwasser ist kalkarm, warm und kostet nichts! In Baumärkten und Gartencentern bekommen Sie günstige Tonnen mit Deckel, in denen Sie das Leben spendende Nass aus der Regenrinne auffangen können. Wem die Schlepperei zu mühsam ist, der kann das Regenwasser mit Pumpe und

Schlauch aus der Tonne in den Garten befördern. Bei größeren Grundstücken lohnt diese Anschaffung.

Wasser marsch im Nutzgarten!
Gemüse wie Kohlrabi, Möhren und Salate brauchen gleichmäßige Feuchtigkeit um knackig und zart zu werden. Gießen Sie gezielt die Pflanzen, nicht die Erde dazwischen. In größeren Beeten lohnt ein Regner. Stellen Sie Ihn in Trockenperioden einmal, allerhöchstens zweimal in der Woche an, und lassen Sie ihn eine ganze Stunde laufen. Er soll kleine Tropfen mit wenig Druck versprühen!

TIPP

>> schnell und üppig

Wasser-Recycling
Im Sommer brauchen Balkon- und Kübelpflanzen besonders viel Wasser und Sie essen in dieser Zeit vielleicht oft frisches Obst und Gemüse, das Sie im Spülbecken säubern. Das Waschwasser läuft dann meist ungenutzt in den Abfluss. Das muss nicht sein: Stellen Sie eine große Schüssel oder ein Plastikbecken in die Küchenspüle, und fangen Sie das kostbare Nass darin auf. Es eignet sich ideal zum Blumengießen – schließlich ist es nur mit etwas Staub oder Erde verunreinigt.

Wasserbedarf im Ziergarten

Eingewachsene Ziergehölze und Stauden oder Rasenflächen brauchen selbst im Hochsommer nicht mit Wasser versorgt zu werden. Nach der nächsten Schlechtwetterperiode sprießt wieder neues saftiges Grün. Stauden und Gehölze, die frisch gepflanzt wurden, besitzen dagegen kein tief reichendes Wurzelwerk. Regnet es nicht genug, reagieren sie mit Wachstumsstockungen oder gehen ein. Bei größeren Gehölzen oder Stauden legen Sie einfach den Gartenschlauch ohne Sprühkopf direkt neben die Pflanze und lassen Sie nur ein schmales Rinnsal aus dem Schlauch sickern, das sofort im Boden versiegen sollte.

Hacken und mulchen

Wer hackt und mulcht, also den Boden mit einer schützenden Schicht aus Pflanzenmaterial bedeckt, kann meist auf die künstliche Bewässerung verzichten. Alle offenen Beetflächen arbeiten Sie dafür einmal wöchentlich mit einer Unkrauthacke durch. Das sorgt für eine lockere, krümelige Bodenoberfläche, aus der weniger Wasser verdunstet!

> *Gemüse und Salate sollten gezielt und durchdringend gewässert werden.*

Noch feuchter und krümeliger bleibt der Boden unter einer Schicht frischen Rasenschnitts und anderer Materialien (→ Praxisinfo). Verteilen Sie dieses in den Sommermonaten in mehrwöchigen Abständen locker und nicht höher als 4–5 cm auf der offenen Erde im Beet. Aber Vorsicht: In schneckenreichen Gärten sollten Sie lieber auf das Mulchen verzichten, denn Schnecken halten sich bevorzugt an feuchten und kühlen Plätzen auf! ∎

PRAXISINFO

Die besten Mulchmaterialien

✗ Frischer Rasenschnitt

✗ Frisch gejätetes Unkraut, nicht blühend!

✗ Klein geschnittene Brennnesseln ohne Samen

✗ Beinwellblätter

✗ Stroh (nur für Erdbeeren)

✗ Gehäckselte Äste und Staudenstängel für Hecken und Gehölze

✗ Schnittabfälle von Laubhecken oder für nährstoffarme Gehölzstandorte von Nadelhölzern

✗ Rindenspäne

✗ Grobe Kompostteile

Düngen zum Nulltarif

Beim Kompostieren und Jauchen wandeln Sie Garten- und Küchenabfälle zur Bodenverbesserung in einen sanften Naturdünger um. Mineraldünger ade! Künstliche Nährstoffzugaben brauchen Sie in Zukunft nicht mehr zu kaufen. Es gibt genügend andere Möglichkeiten, um den Nährstoffbedarf Ihrer Pflanzen auf natürliche Weise und gratis zu stillen.

Kompostieren

Dazu benötigen Sie weder einen Kompostbehälter noch teure Thermokomposter. Auch in einem einfachen Haufen verrotten Ihre Abfälle in wenigen Monaten, wenn Sie es richtig machen.

➤ **Der richtige Platz:** Ganz wichtig ist ein schattiger Ort, am besten unter Holunder- oder Haselbüschen. Wer noch keine Schattengehölze besitzt, kann z. B. hohe Sonnenblumen am Kompostplatz säen. Damit die Abfälle schnell verrotten und nicht etwa verfaulen oder austrocknen, muss die Mischung von feuchten, weichen und trockenen Zutaten stimmen. Sammeln Sie die Abfälle zuerst auf zwei Haufen: einen mit kleinen Ästen oder Staudenstängeln, einen mit Gemüseabfällen, Obst oder Rasenschnitt.

➤ **Kompost anlegen:** Äste und Stängel zerkleinern Sie. Schichten Sie dann abwechselnd die weichen und trockenen Abfälle auf einen Haufen. Er sollte am Fuß 1–1,50 m breit, mindestens 1 m lang und etwas mehr als 1 m hoch sein. Auf jede 20 cm hohe Schicht streuen Sie eine Hand voll Algenkalk und Hornspäne (aus dem Gartencenter). Zum Schluss deckt eine schützende Schicht aus Gartenerde oder Rasenschnitt zum Schutz vor Austrocknung das Ganze ab. Setzen Sie den Kompost im Frühjahr auf, dann ist er im Herbst reif. Über Winter ruht die Verrottung.

Die Abfälle werden vorsortiert bevor sie abwechselnd geschichtet auf den Kompost wandern.

> *Zur Vorbereitung für den Nährstoff-Cocktail werden Brennnesseln klein geschnitten.*

➤ **Kompost ausbringen:** Der Kompost ist reif, wenn er braun und krümelig aussieht und nach Erde duftet. Werfen Sie ihn schaufelweise durch ein Kompostsieb, um grobe Stücke auszusondern. Diese können als Mulch (→ Seite 30/31) unter Hecken und Sträuchern verteilt werden. Anschließend wird der Humus ausgebracht. Wichtig: Sie dürfen Kompost nie untergraben, nur leicht in die obere Bodenschicht einharken.

➤ **Flächenkompost:** Wenn Sie ein ganzes Beet flächig mit Kompost düngen möchten, können Sie im Herbst eine etwa 50 cm hohe, klein geschnittene Lage Gartenabfälle an Ort und Stelle aufschichten. Streuen Sie Algenkalk und Hornspäne darüber und bedecken Sie alles mit schwarzer, gelochter Folie. Im Frühjahr harken Sie dann das unverrottete Material heraus.

Jauche verwenden

Bei diesem Naturdünger handelt es sich um einen Pflanzenextrakt aus klein geschnittenen Pflanzenteilen und Wasser, der mehrere Tage oder Wochen ziehen muss, bis er verwendbar ist. Jauche enthält viel Stickstoff, Eisen und andere Spurenelemente und ist damit ein schnell wirksamer Flüssigdünger zum Nulltarif.

➤ **Brennnesseljauche herstellen:** Sammeln Sie Brennnesseln, bevor sich die Samen ab August braun färben und schichten Sie die grob geschnittenen Stängel und Blätter in eine Tonne oder einen Eimer. Füllen Sie mit Wasser auf, man rechnet etwa 1 kg frisches Kraut auf 10 Liter Wasser. Die Jauche fängt nach kurzer Zeit an zu schäumen und zu stinken, daher ist ein Deckel nützlich. Rühren Sie täglich kräftig um. Nach ein bis zwei Wochen nimmt die Jauche eine klare braune Färbung an und ist fertig. Sie wird mit Wasser verdünnt (etwa 1:10) und an die Pflanzen gegossen. ■

CHECKLISTE

Was darf auf den Kompost?

Geeignet:
- ✔ krautige Pflanzen (ohne Samen und Wurzeln)
- ✔ Rasenschnitt (10 cm hoch)
- ✔ Ernteabfälle und Fallobst
- ✔ kleine Äste und Laub
- ✔ rohe Küchenabfälle, Kaffeesatz, Teeblätter, Eierschalen
- ✔ unbehandelte Zitrusschalen (nur in kleinen Mengen)
- ✔ Einstreu von Hamstern, Kaninchen und Co.
- ✔ Haare

Nicht geeignet:
- ✔ Fleischreste und Knochen
- ✔ Staubsaugerbeutel
- ✔ Katzenstreu
- ✔ bunt bedrucktes Papier

Gesunde Pflanzen

Pflanzenschädlinge und -krankheiten machen so manchem Gärtner das Leben schwer. Aber dagegen lässt sich vorbeugend etwas tun. Damit Ihre Pflanzen gesund bleiben, sollten Sie schon beim Kauf darauf achten, Samen und Pflanzen robuster

> *Nützlinge wie der Marienkäfer halten Blattläuse erfolgreich in Schach.*

Arten und spezieller widerstandsfähiger Sorten auszuwählen. Wichtig ist auch, dass die Pflanzen nicht zu eng stehen: Nach einem Regenguss trocknen sie dann schneller ab, sodass z. B. Pilzbefall erst

gar nicht auftritt. Am besten stärken Sie die Widerstandskraft Ihrer Pflanzen mit einem vorbeugenden Sud.

Gegen alles ist ein Kraut gewachsen

Die Inhaltsstoffe bestimmter Pflanzenteile, z. B. Blätter und Blüten, verhindern Pilzbefall und verderben Schädlingen den Appetit, wenn sie regelmäßig – und das ist das A und O – alle ein bis zwei Wochen vorbeugend gesprüht oder gegossen werden. Folgende Pflanzen eignen sich dafür besonders gut:

➤ **Ackerschachtelhalm** gedeiht in feuchten Äckern und Wiesen und wirkt vorbeugend gegen Pilzkrankheiten. Zubereitung wie in der nächsten Spalte beschrieben.

➤ **Knoblauch** verhindert Läuse- und Pilzerkrankungen. 300 g Knoblauchknollen werden in 5 l Wasser gekocht.

➤ **Rainfarn** finden Sie oft an Böschungen. Das gelb blühende Kraut wirkt gegen Insekten und Milbenbefall. Verwendet werden Blüten und Blätter.

➤ **Rhabarberblätter** wehren erfolgreich Läuse und andere Insekten ab.

➤ **Wermut** verhindert vorsorglich den Befall mit Läusen, Ameisen, Raupen und anderen Insekten.

Man verwendet blühende Triebspitzen für den Sud. Bei den o. g. Arten handelt es sich um einheimische Pflanzen, die Sie in freier Natur an Wegböschungen und Ackerrainen finden oder im eigenen Garten anbauen können.

So bereiten Sie den Sud zu:

➤ Schneiden Sie 500–600 g Pflanzenteile in kleine Stücke, und weichen Sie diese über Nacht in einem Gefäß mit ca. 5 l Wasser ein.

➤ Erhitzen Sie alles in einem Topf, und lassen Sie es ca. 15–30 Minuten bei geschlossenem Deckel leicht köcheln.

➤ Gießen Sie den Ansatz durch ein Sieb.

➤ Verdünnen Sie die konzentrierte Brühe nochmals 1:5 mit Wasser.

➤ Spritzen Sie die Lösung großzügig über die Pflanzen, sodass auch die Blattunterseiten tropfnass sind.

Schädlinge bekämpfen

Wenn die Pflanzen trotzdem kränkeln und sich doch einmal Schädlinge zeigen, heißt die wichtigste Regel, um beim Pflanzenschutz Geld, Zeit und Nerven zu sparen: Gelassen bleiben und abwarten! Die Natur hilft sich meist selbst und viele heimische Gewächse wachsen trotzdem munter weiter.

Nützliche Untermieter:
Beim Befall mit Blattläusen, Spinnmilben und Blattflöhen an Gartenpflanzen helfen oft Marienkäfer und andere Nützlinge wie Weichkäfer, Florfliegen- und Schwebfliegenlarven, für die Läuse ein Leckerbissen sind. Drahtwürmer, Engerlinge, Raupen und Larven stehen auf dem Speiseplan von Igeln, Singvögeln und Spitzmäusen. Wichtig ist, dass sich die Nützlinge in Ihrem Garten wohl fühlen.

➤ Ein Natursteinhaufen an einem sonnigen Platz lockt Eidechsen an.

➤ Unter trockenen Zweigen und in einem Blätterhaufen macht es sich Familie Igel über Winter gemütlich.

➤ Nistkästen laden Brutvögel wie Stare, Rotschwänze und Meisen zum Brüten ein.

> *Ein Pflanzensud aus Knoblauch und Löwenzahn beugt Krankheiten vor und stärkt die Widerstandskraft der Pflanzen.*

Wenn gar nichts hilft:
Wenn Sie angesichts der sechsbeinigen Mitesser dennoch die Nerven verlieren, dann helfen einfache Maßnahmen:

➤ Zerdrücken Sie die Läuse direkt am Stängel mit den Fingern oder spritzen Sie sie mit einem scharfen Wasserstrahl ab.

➤ Raupen, die Sie in der Erde oder am Kohl finden, sammeln Sie einfach ab.
Nicht ganz so einfach lassen sich manche Bakterien- und Pilzkrankheiten dauerhaft in Schach halten:

➤ Sternrußtau oder Mehltau an Rosen zum Beispiel sind dauerhafte Ärgernisse, bei denen oft nur ein radikaler Rückschnitt nützt.

➤ Die Welkekrankheit führt dazu, dass die ganze Pflanze plötzlich abstirbt. Das können dann aber auch teure Pflanzenschutz-Präparate nicht verhindern. ■

Breit gestreute Vielfalt

Wer Sommerblumen, Gemüse und Stauden selbst aussät, kommt sehr preiswert an eine große Zahl verschiedener Pflanzen.
Wer nicht selbst schon eifrig gesammelt hat, bekommt Pflanzensamen in Tüten für wenig Geld im Fachhandel.

> *Als Aussaatgefäße eignen sich Plastikbecher, Eierkartons und Papierrollen.*

Säen Sie nicht gleich den gesamten Inhalt aus, Sie bekommen viel zu viele Pflanzen! Übrig gebliebene Samen keimen auch im kommenden Jahr, wenn sie kühl und trocken gelagert wurden. Wenn Sie das Beet im Frühjahr nicht umgraben und neu einsäen, können Sie einfach abwarten, ob die Samen der Vorjahrespflanzen auskeimen. Viele Samen von Wildstauden und Wildgehölzen müssen einen Winter lang im nasskalten Boden liegen, bevor sie keimen. Zahlreiche gezüchtete Stauden und Gehölze dagegen bilden gar keine Samen oder nur andersartige Nachkommen. Selbst gesammelte Samen von Zweijährigen und Sommerblumen lassen sich dagegen problemlos heranziehen.

Warme Kinderstube

Es lohnt sich, empfindliche Gemüse, Sommerblumen und Balkonpflanzen in Schalen oder Töpfen auszusäen und am Zimmerfenster vorzuziehen. Nach den Eisheiligen, Mitte Mai, werden dann bereits kräftige, früh blühende und fruchtende Pflanzen in den Garten gesetzt.
➤ Wichtig ist ein heller Platz: Bei Lichtmangel kümmern die jungen Pflanzen, werden schnell zu lang und überstehen den Wechsel ins Freie nicht gut.
➤ Spezielle Aussaaterde regt die jungen Pflanzen zur Wurzelbildung an. Diese können Sie aus einem Drittel Gartenerde, einem Drittel Torf oder Torfersatz und einem Drittel grobem Sand auch selbst mischen. Anschließend muss das Ganze, z. B. in Bratfolie, etwa eine halbe Stunde lang im Ofen bei 120–150 °C sterilisiert werden.

TIPP

> > schnell und üppig

Kostenlose Gefäße

Teure Aussaatschalen sind passé. Genauso gut können Sie einfach leere Joghurtbecher, Erdbeerschalen, Quarkschalen oder Eierkartons verwenden. Reinigen Sie die Behälter und schneiden Sie vorsichtig ein Loch in den Boden, damit überschüssiges Wasser abfließen kann.

> 1 Boden lockern

Um den Boden für die Aussaat vorzubereiten, wird er zunächst mit einem Krail etwas aufgelockert.

> 2 Kerne auslegen

Dann werden die Bohnenkerne in eine flache, handtellergroße Mulde um eine Bohnenstange gelegt.

> 3 Angießen

Anschließend werden die Kerne mit Erde bedeckt und mit Brause gut gewässert.

➤ Die meisten Samen keimen bei Zimmertemperatur, wobei die Wärme von unten kommen sollte. Auf der kalten Fensterbank legen Sie zur Isolation ein Holz- oder Korkbrett unter die Schale.

Aussaat im Freien

Robuste Gemüsepflanzen und Sommerblumen säen Sie am besten direkt ins Beet.
➤ Harken Sie die Erde gut durch, bis sie eben und feinkrümelig aussieht.
➤ Wenn Sie breitwürfig aussäen, nehmen Sie eine Handvoll Samen aus der Tüte und werfen sie schwungvoll auf das Beet, sodass die Körner gleichmäßig verteilt liegen.
➤ Harken Sie die Samen leicht in den Boden ein, sieben Sie eine dünne Schicht Erde darüber, und drücken Sie alles mit einem Brett fest. Gemüse wird meist in Reihen gesät:
➤ Ziehen Sie mit einem Stock gerade, flache Rillen.
➤ Große Körner, zum Beispiel Erbsen und Bohnen, legen Sie einzeln in die Rillen. Kleinere Samen wie Radieschen, Rettich, Salate oder Möhren und viele Sommerblumen säen Sie einfach direkt aus der Tüte.

➤ Mit dem Rechen oder der Hand ziehen Sie anschließend etwas Erde über die Saatrillen und drücken die Erde an.

Angießen und Pikieren

Wässern Sie behutsam, damit die Samen nicht an die Oberfläche gespült werden oder der Boden verschlämmt. Sind die Keimlinge aufgegangen, pikieren Sie die Pflänzchen (d. h. vorsichtig aus dem Boden ziehen), die zu dicht stehen und sich bedrängen. ■

PRAXISINFO

Aussaat in Schalen:

🕐 **Zeitbedarf:**
15–20 Min. pro Schale

Material:
✗ Pflanzensamen
✗ Aussaatgefäße: z. B. kleine Blumentöpfe, saubere Joghurt-, Quarkbecher, Eierschachteln oder Erdbeerschalen aus Plastik
✗ Gekaufte oder selbst gemischte Aussaaterde
✗ durchsichtige Folie oder Plastiktüten

Werkzeug:
✗ Taschenmesser oder scharfe Rasierklinge
✗ Wasserzerstäuber
✗ Pikierstab: z. B. Stricknadel, Schaschlikspieß

Vermehrung ohne Samen

Die vegetative Vermehrung bietet dem Gärtner eine Vielzahl von Möglichkeiten, kostenlos an grünen Nachwuchs zu gelangen.
Erdbeeren schicken Ausläufer in die Nachbarbeete, Krokusse und Schneeglöckchen besiedeln im Rasen große Flächen mit Brutzwiebeln, und der Essigbaum erobert seine Umgebung mit Wurzelausläufern. Mit etwas Geschick können Sie sich von fast allen Gewächsen dieser Welt ohne Samen Nachwuchs ziehen. Es gibt verschiedene Techniken, um Pflanzen vegetativ zu vermehren. Einige Pflanzen machen es einem leicht, denn sie bilden von selbst neue Jungpflanzen, bei anderen muss man ein bisschen nachhelfen.

Ausläufer und Absenker

An Pflanzen mit Wurzeln bildenden Trieben entstehen von selbst neue Jungpflanzen, die man dann problemlos »abnabeln« kann.
Ausläufer:
➤ Stauden wie Frauenmantel, Pfefferminze oder Storchschnabel bilden unterirdische Ausläufer. Graben Sie einfach die kleinen Pflanzen aus, sobald die ersten Blätter kräftig entwickelt sind.
➤ Jungpflanzen (Kindel) an oberirdischen Ausläufern von Erdbeeren oder Immergrün können Sie abnehmen und einpflanzen, sobald kleine Wurzeln erscheinen.
Absenker nennt man herabhängende Triebspitzen von Ziergehölzern oder Beerenobst, die am Boden Wurzeln schlagen. Wenn Sie nur eine oder zwei Jungpflanzen gewinnen möchten, biegen Sie im Frühjahr einen jungen Trieb der Mutterpflanze bis

1 Abtrennen
Aus der Zweigachsel eines Buchsbaums wird ein ca. 10–15 cm langer Trieb mit den Fingern oder einem scharfen Messer abgetrennt.

2 Einsetzen
Die unteren Blättchen des Triebes werden entfernt, der Steckling bis zum Blattansatz in die Erde gesteckt und fest angedrückt.

3 Umtopfen
Frische, hellgrüne Blättchen zeigen, dass der Steckling bewurzelt ist. Nun wird er zur Bildung eines kompakten Wurzelballens umgetopft.

> Die meisten Stauden kön-
> nen Sie problemlos mit
> einem Spatenstich teilen.

zum Boden herunter und
befestigen ihn 10–20 cm hinter seiner Spitze mit einem
Haken im Boden. Bedecken
Sie diese Stelle mit Erde und
biegen Sie die Triebspitze
vorsichtig nach oben.

Stecklinge und -hölzer

Stecklinge: Stecklinge sind
abgeschnittene Triebspitzen,
die an der Schnittstelle Wurzeln bilden, wenn man sie in
die Erde steckt. Stecklinge
sind »leichte Beute« für Bak-
terien und Pilzsporen. Verwenden Sie daher saubere
Gefäße und sterile Aussaaterde. Stülpen Sie für gleich
bleibende Luftfeuchtigkeit
eine durchsichtige Plastiktüte

oder ein Einmachglas über
den Topf. Stecklinge sollen
hell, aber nicht sonnig stehen.
Wenn sich erste neue Blätter
zeigen, haben sie Wurzeln
gebildet und können umge-
topft werden.
Steckhölzer: Sehr viele Ziergehölze können Sie über
Steckhölzer vermehren.
➤ Schneiden Sie im Herbst
von starken einjährigen Ästen
etwa 25–30 cm lange Stücke
aus der Mitte des Zweiges ab.
➤ Markieren Sie mit einem
schrägen Schnitt das untere
Ende, das in die Erde gesteckt
wird, nur dort bilden sich
Wurzeln.
➤ Über Winter lagern Sie die
Steckhölzer kühl und frostfrei
in feuchtem Sand oder in
einer Plastiktüte.
➤ Ende März stecken Sie die
Hölzer in ein halbschattiges
Beet, so tief, dass nur die
obersten ein oder zwei Knos-
pen aus der Erde schauen.
➤ Im Sommer schlägt das
Steckholz Wurzeln und kann
im folgenden Herbst umge-
pflanzt werden.
Gehölze, die leicht wurzeln,
wie Weide oder Liguster, kön-
nen Sie auch im Herbst sofort
nach dem Abschneiden in die
Erde stecken. Buchs stecken
Sie im Sommer.

Stauden teilen

Die meisten Stauden und
viele Kräuter wachsen horst-
artig aus der Wurzelbasis und
lassen sich problemlos teilen.
Graben Sie die Staude im
Herbst oder im Frühjahr mit
ihrem Wurzelballen aus dem
Beet. Teilen Sie den Ballen mit
Spaten, einem Messer oder
den Händen in mehrere
Stücke. Diese pflanzen Sie
dann an den vorgesehenen,
mit reifem Kompost verbes-
serten Stellen wieder ein. ■

Die Guten
ins Töpfchen ...

Viele Kräuter, Sommerblumen und Stauden säen sich im Garten munter von allein aus, aber leider auch das nicht erwünschte Unkraut. Viele Keimblätter ähneln sich, aber schon an den ersten echten Laubblättern können Sie zweifelsfrei erkennen, ob Freund oder Feind ...

> **Jungfer im Grünen**
Über den zwei ovalen Keimblättern, die typischerweise relativ weit auseinander stehen, entfalten sich im März bis April die ersten Laubblättchen: Sie sehen meist aus wie der vordere Teil eines Hühnerfußes mit drei »Zehen«, nur zart und klein.

> **Goldmohn**
Bereits im Herbst oder zeitig im Jahr sieht man die zweigeteilten fadenartigen, graugrünen Keimblätter. Die ersten echten Laubblätter sind eine Miniaturausgabe der später fein gefiederten Blätter. Leicht zu verwechseln mit Erdrauch-Keimlingen.

Kosmee

Ziemlich spät im Mai oder Juni erscheinen die schmalen länglichen Keimblätter, die bereits auf einem kräftigen geraden Stängelchen stehen. Die nachfolgenden Laubblätter sehen fein gefiedert, beinahe fischgrätenartig aus.

Ringelblume

Ab Mai spitzen die relativ großen, länglichen und etwas fleischigen Keimblätter der Ringelblume aus dem Boden, manchmal hängt noch die würmchenartige Samenschale daran. Die ersten Laubblätter sind oval und schon ein wenig klebrig.

Königskerze

Diese schlicht ovalen Keimblätter allein machen eine Bestimmung äußerst schwierig. Erst wenn sich eine winzige Blattrosette gebildet hat, kann man sich vorstellen, dass aus dem Winzling eine stattliche Königskerze wachsen wird.

Vergissmeinnicht

Klein, unscheinbar und rundlich wirkt das erste Grün des Vergissmeinnichts bereits im Winter. Auch die ersten Laubblätter sehen ähnlich aus. Sie fühlen sich leicht rau an.

Pflanzenporträts

Ein- und Zweijährige

Die vergängliche Blütenpracht dieser Arten sorgt den ganzen Sommer lang für bunte Farbtupfer im Garten. Ein- und Zweijährige keimen, wachsen, blühen und fruchten in nur wenigen Monaten. Für diese enorme Leistung benötigen sie einen warmen, sonnigen Platz und guten nahrhaften, lockeren Boden, der mit Kompost angereichert werden sollte, bevor Sie im März oder April die Samen direkt ins Beet säen. Zweijährige bilden im Mai bis Juni zuerst nur eine niedrige Blattrosette und bringen erst im folgenden Jahr Blüten hervor. Samen heimischer Zweijähriger wie Königs- oder Nachtkerze können Sie an Straßenrändern sammeln und im Garten aussäen. Alle hier vorgestellten Arten sind besonders robust und säen sich von selbst aus, wenn Sie einige Samenstände reifen lassen. Zu dicht stehende Keimlinge sollten Sie auszupfen. So werden aus den übrigen starke, üppige Pflanzen.

Jungfer im Grünen
Nigella damascena

Wuchshöhe: 30–50 cm
Blütezeit: Juni–September
einjährig

➤ **extravagante Blütenform**

Aussehen: aufrechter, schlanker Wuchs; zarte, nadelartige Blätter; meist blaue, aber auch weiße oder rosa Blüten mit auffällig filigranen Kelchblättern; dekorative Fruchtstände
Gestaltung: wirken besonders in Gruppen
Standort: sonnig und warm; humoser, lockerer Boden
Vermehrung: Aussaat ab Ende März an Ort und Stelle
Pflege: Jungpflanzen bei zu dichtem Wuchs vereinzeln
Verwendung: Fruchtstände als Trockenblumen; Samen essbar

Kapuzinerkresse
Tropaeolum majus

Wuchshöhe: 20–200 cm
Blütezeit: Juni–Oktober
einjährig

➤ **farbenfrohe Rankpflanze**

Aussehen: rankender oder kriechender Wuchs; große, weiche, runde Blätter; Blüten leuchtend orange, gelb oder rot mit langem Sporn
Gestaltung: Ampelpflanze
Standort: sonnig bis halbschattig; humoser, lockerer, nährstoffreicher, feuchter Boden
Vermehrung: Aussaat ab Mai
Pflege: hoher Wasserbedarf an sonnigem Platz; für üppiges Wachstum mit Kompost oder Brennnesseljauche düngen;
Verwendung: Blüten und Blätter sind essbar

 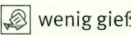

Mondviole
Hesperis matronalis

Wuchshöhe: 40–140 cm
Blütezeit: Mai–Juni
zweijährig

➤ **duftet nach Nelken** ❁

Aussehen: dunkelgrüne, längliche, raue Blätter; violette oder weiße Blüten in Trauben, die gegen Abend duften; einzelne Pflanzen mehrjährig
Gestaltung: Beethintergrund; Schnupperpflanze an Wegen
Standort: sonnig bis halbschattig; humoser, nährstoffreicher Boden
Vermehrung: Aussaat Mai/Juni an Ort und Stelle
Pflege: an sonnigen Plätzen häufiger gießen; Pflanzen in kalten Wintern mit Fichtenreisig abdecken

Ringelblume
Calendula officinalis

Wuchshöhe: 30–70 cm
Blütezeit: Juni–Oktober
einjährig

➤ **blüht bis zum Frost** ❁

Aussehen: verzweigte, zum Niederliegen neigende Wuchsform, leicht klebrige, ovale Blätter; margeritenähnliche, gefüllte und ungefüllte gelborangefarbene Blüten
Gestaltung: für naturnahe Rabatten und an Gemüsebeeten
Standort: sonnig; humoser, lockerer Boden; verträgt Trockenheit besser als Nässe
Vermehrung: Aussaat ab April
Pflege: Schnitt fördert neue Blüte; Triebe evtl. abstützen
Verwendung: Blüten für Tee oder Salben

Vergissmeinnicht
Myosotis-Hybriden

Wuchshöhe: 10–35 cm
Blütezeit: April–Juli
zweijährig

➤ **farbenfrohe Polster** ❁

Aussehen: buschiger Wuchs; kleine raue Blätter; Büschel von winzigen Einzelblüten in Blau, Violett, Rosa oder Weiß; überwintert als Blattpolster
Gestaltung: Randbepflanzung von Rabatten oder Gemüsebeeten; breitet sich schnell aus
Standort: halbschattig mit feuchtem Boden; in der Sonne hoher Wasserbedarf
Vermehrung: Erstaussaat ab Juni im Beet, später von selbst
Pflege: Jungpflanzen vereinzeln
Verwendung: gute Schnittblume für Biedermeiersträuße

---

 schnell wachsend   Heilpflanze   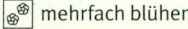 mehrfach blühend   ✂ Schnitt-/Trockenblume

Stauden und Zwiebelpflanzen

Die krautigen Pflanzen gedeihen jahrelang am gleichen Fleck und gehen dabei immer mehr »in die Breite«. Im Herbst sterben alle oberirdischen Teile ab, und die Stauden ziehen sich in ihre im Boden liegenden Speicherorgane zurück. In diesem Zustand können Sie sie ausgraben und teilen. Viele Stauden sind robust und verbreiten sich von selbst durch Aussaat, Ausläufer oder kriechende Wurzelstöcke.
Die Wurzelknollen von Dahlien vertragen keinen Frost: Insofern machen sie mehr Arbeit als andere Stauden. Aber kaum eine andere Pflanze blüht so plakativ. Dahlien bilden Tochterknollen, können aber auch im Frühling geteilt werden. Zwiebelblumen mit Wildcharakter wie die Traubenhyazinthen lassen Sie am besten ungestört vor sich hin wachsen – in wenigen Jahren blühen bunte Frühlingsteppiche in Ihrem Garten.

Dahlie
Dahlia-Hybriden

Wuchshöhe: 20–140 cm
Blütezeit: Juli–Oktober
mehrjährige Knollenpflanze

➤ **üppige Blütenpracht** ✿

Aussehen: Knollenpflanze mit großen, herzförmigen Blättern; Blütenform je nach Sorte verschieden, gefüllt und ungefüllt, außer in Blau in allen Farben
Gestaltung: Farbtupfer im Beet
Standort: sonnig; humoser, lockerer, nahrhafter Boden
Vermehrung: durch Tochterknollen und Teilung
Pflege: frostempfindliche Knollen von Oktober–Mai überwintern; jungen Austrieb vor Schnecken schützen; Blütenstängel abstützen
Verwendung: zum Färben

Frauenmantel
Alchemilla mollis

Wuchshöhe: 30–40 cm
Blütezeit: Juni–August
Staude

➤ **guter Bodendecker** ✿

Aussehen: buschiger Wuchs mit Ausläufern; samtig behaarte, gezähnte runde Blätter; winzige grüngelbe Blüten in Trauben an hohen Stielen
Gestaltung: unverwüstlicher Bodendecker für alle Lagen
Standort: sonnig bis schattig; auf allen Böden
Vermehrung: reichlich durch Selbstaussaat, auch durch Teilung, Rhizome bewurzeln sich selbstständig
Pflege: evtl. vereinzeln
Verwendung: Blüten als Trockenblumen; Heilpflanze

Sonnenhut
Rudbeckia fulgida

Wuchshöhe: 50–80 cm
Blütezeit: Juli–September
Staude

➤ **dekorativer Spätblüher**

Aussehen: aufrechte, verzweigte Stängel, goldgelbe Strahlenblüten mit schwarzbrauner Mitte; eiförmige Blätter; dekorative Fruchtstände
Gestaltung: Spätsommerblüher für alle Rabatten
Standort: sonnig; krümeliger, nahrhafter Boden
Vermehrung: durch Aussaat oder Teilung, samt sich von selbst aus
Pflege: Verblühtes abschneiden, um Blütezeit zu verlängern
Verwendung: gut geeignet als Schnittblume

Storchschnabel
Geranium sanguineum

Wuchshöhe: 40–50 cm
Blütezeit: Mai–August
Staude

➤ **leuchtende Blüten** ✿

Aussehen: Ausläufer bildend, bodendeckend; tief gebuchtete frischgrüne Blätter; karminrote, schalenförmige Blüten
Gestaltung: für Blumenrabatten, im Vorgarten, als Saumpflanze vor Hecken
Standort: sonnig bis halbschattig; Heckenränder und Gehölzsäume; bevorzugt kalkhaltige, eher trockene Böden
Vermehrung: Selbst-Aussaat, Teilen und Umpflanzen im Mai
Pflege: erobert schnell größere Flächen; Rückschnitt nach der Blüte fördert Nachblüte

Traubenhyazinthe
Muscari armeniacum

Wuchshöhe: 15–25 cm
Blütezeit: April–Mai
Zwiebelblume

➤ **blaue Blütenteppiche** ✿

Aussehen: rasenartiger Wuchs; grasartige Blätter, die im Sommer einziehen und im Spätherbst austreiben; kleine blaue Blütenglocken in Trauben
Gestaltung: hübsch in Blumenwiesen oder am Gehölzrand
Standort: sonnig bis halbschattig; nahrhafter, lockerer, krümeliger Boden
Vermehrung: von allein durch Samen und Brutzwiebelchen
Pflege: Zwiebeln im September pflanzen; Blätter nach der Blüte nicht abschneiden, sondern von selbst einziehen lassen

 schnell wachsend   Heilpflanze    mehrfach blühend   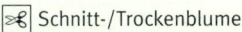 Schnitt-/Trockenblume

Gehölze

Laubgehölze verlieren ihre Blätter über Winter. Dafür erfreuen uns viele Arten in Frühling und Sommer mit Blüten sowie Früchten und kleiden sich im Herbst in ein fröhlich buntes Gewand. Fast ganzjährig blüht etwas in Ihrem Garten, wenn Sie die Gehölze geschickt auswählen. Viele Ziersträucher sind zudem robust, wenig anfällig für Krankheiten oder Schädlinge und machen kaum Arbeit. Wildgehölze wie Hundsrosen, Kornelkirschen, Ebereschen oder Holunder ernähren mit ihren Blüten Insekten und mit ihren Früchten Singvögel. Unter dem grünen Kleid von raschwüchsigen Klettergehölzen wie Knöterich, Geißschlinge oder Wildem Wein verschwinden Zäune, Wände und Rankgerüste innerhalb weniger Monate. Nadelgehölze und immergrüne Laubgehölze wie Lorbeerkirsche oder Ilex lassen unsere Augen auch im Winter auf etwas Grünem ruhen, aber die meisten wachsen langsam und viele Gartensorten sind relativ teuer.

Flieder
Syringa-Hybride

Wuchshöhe: 3–4 m
Blütezeit: April–Mai
Blütengehölz

➤ **duftende Blüten**

Aussehen: verzweigter, aufrechter, Ausläufer bildender Strauch; dunkelgrüne, glatte herzförmige Blätter; duftende, gefüllte oder ungefüllte Blütenrispen in den Farben Blau, Rosa, Violett, Weiß und Gelb
Gestaltung: in Hecken oder einzeln stehend
Standort: sonnig; nährstoffreiche Gartenböden, kalkliebend
Vermehrung: Ausläufer ausgraben oder durch Steckhölzer
Pflege: Verblühtes entfernen; Strauch nicht zurückschneiden
Verwendung: als Schnittblume

Hundsrose
Rosa canina

Wuchshöhe: 2–3 m
Blütezeit: Mai–Juni
Wildgehölz

➤ **robustes Gehölz** ✿

Aussehen: üppiger Wuchs mit überhängenden Trieben; gefiederte Blätter, ungefüllte rosafarbige Schalenblüten; leuchtend rote, essbare Hagebutten
Gestaltung: in Hecken oder als Einzelgehölz, dekorative Hagebutten bis in den Winter
Standort: sonnig bis halbschattig; vorzugsweise tiefgründiger, lehmiger Boden
Vermehrung: durch Samen
Pflege: robust und widerstandsfähig gegen Krankheiten; überalterte Triebe an der Basis wegschneiden

✿ pflegeleicht   🪣 viel gießen   🪣 mittel gießen   🪣 wenig gießen   ❄ leicht zu vermehren

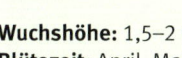

Liguster, Rainweide
Ligustrum vulgare

Wuchshöhe: 3–4 m
Blütezeit: Juni/Juli
Heckengehölz

➤ **wintergrüne Sorten** ✿

Aussehen: dunkelgrüne ovale Blättchen, bei der Sorte 'Atrovirens' über Winter mit violetter Tönung am Strauch; Laub abwerfend in strengen Wintern; duftende weiße Blütenrispen; ab September leicht giftige, erbsengroße schwarze Beeren
Gestaltung: als Schnitthecke
Standort: sonnig bis schattig; alle Böden
Vermehrung: einfach durch Steckhölzer
Pflege: Pflanzung Herbst oder Frühjahr; als Heckengehölz einmal im Sommer schneiden

Ranunkelstrauch
Kerria japonica

Wuchshöhe: 1,5–2 m
Blütezeit: April–Mai
Blütenstrauch

➤ **farbenfrohe Blüten** ✿

Aussehen: biegsame, rutenförmige, unverzweigte Triebe mit horstförmigem Wuchs, Ausläufer bildend; eiförmig-lanzettliche Blätter; gelbe, gefüllte oder ungefüllte Blüten
Gestaltung: in Hecken oder am Rand von Gehölzgruppen
Standort: sonnig bis schattig; lockere, kalkhaltige, eher trockene Böden
Vermehrung: Wurzelausläufer abstechen oder Teilung
Pflege: nach der Blüte können mehr als vier Jahre alte Triebe am Boden entfernt werden

Schlingknöterich
Fallopia aubertii

Wuchshöhe: 8–15 m
Blütezeit: Juli–September
Klettergehölz

➤ **robust und gut wüchsig** ✿

Aussehen: Schlingpflanze mit biegsamen, bis zu 12 m langen Trieben; dichtes, grünes Laub; weiße, im Spätsommer duftende Blütenrispen; nicht essbare, nussähnliche Früchte
Gestaltung: ideal als Sichtschutzgehölz
Standort: sonnig bis halbschattig; alle Gartenböden, die nicht zu nährstoffarm sind
Vermehrung: durch Stecklinge und Aussaat
Pflege: kann radikal zurückgeschnitten werden; als Kübelpflanze reichlich düngen

---

Obst, Gemüse, Kräuter

Gemüse und Salate säen Sie jedes Jahr von neuem. Streuen Sie die Samen etappenweise aus, so ernten Sie den ganzen Sommer über. Beerenobststräucher wachsen jahrelang am gleichen Fleck, sie vertragen Halbschatten und lieben eine Mulchdecke aus Rasenschnitt oder Laub zu ihren Füßen. Eine Ausnahme ist die Erdbeere: Alle zwei oder drei Jahre sollten Sie im Sommer Ableger nehmen und auf ein neues, gut gedüngtes Beet pflanzen. Für zügiges Wachstum und reiche Ernte brauchen Gemüse, Salate und Erdbeeren Sonne und guten, gelockerten Boden. Ernähren Sie die hungrigen Gewächse mit Brennnesseljauche und Kompost. Kräuter brauchen Wärme und Sonne, damit sie viel Aroma entwickeln. An den Boden stellen sie weniger hohe Ansprüche. Mittelmeerkräuter wachsen am besten auf mageren, kalkhaltigen Böden, dann überstehen sie unbeschadet unsere Winter.

Erdbeere
Fragaria × ananassa

Wuchshöhe: 15–20 cm
Erntezeit: Juni–Juli
mehrjährige Staude

➤ **ergiebiges Naschobst**

Aussehen: niedrigwüchsige Pflanze mit dreizähligen Blättern; bilden im Sommer Ausläufer; weiße Blüten im April/Mai; Früchte rot und saftig, je nach Sorte Reifezeitpunkt und Geschmack verschieden
Standort: sonnig; humoser, lockerer, nahrhafter Boden
Anbau/Vermehrung: durch Ausläufer im August; alle 2–3 Jahre Pflanzen erneuern
Pflege: reifende Früchte auf Stroh betten; bei Krankheiten nach der Ernte mit Kompost düngen, Blätter abschneiden

Feuerbohne
Phaseolus coccineus

Wuchshöhe: bis 3 m
Erntezeit: Juni–Juli
einjährig

➤ **dekorative Blüten** ✿

Aussehen: rankende Triebe mit dreiteiligen Blättern, lang gestielte, leuchtend rote oder weiße Schmetterlingsblüten; große, flachovale grüne Hülsen
Standort: sonnig; humoser, lockerer Boden
Anbau/Vermehrung: ab Mai mehrere Bohnen um eine Stange herum nicht zu tief ins Beet setzen; für zarte junge Hülsen möglichst früh ernten
Pflege: ausreichend feucht halten, Keimlinge vor Schnecken schützen; braucht zur Stütze Stangen als Rankhilfe

 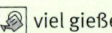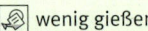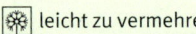

Pflück- und Schnittsalat

Lactuca sativa var. *crispa*

Wuchshöhe: 20–25 cm
Erntezeit: ab Mai
einjährig

 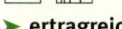

➤ **ertragreich**

Aussehen: Köpfe oder Büschel aus großen zarten, hellgrünen oder rötlichen Blättern, je nach Sorte gewellt oder gefranst; mild-nussiger Geschmack
Standort: sonnig; lockerer, humusreicher Boden, mäßig nährstoffreich
Anbau/Vermehrung: ab März jeweils wenige Samen alle 2 Wochen aussäen, um im Sommer durchgehend zu ernten
Pflege: zur Ernte Blätter einzeln pflücken; weite Pflanzabstände; ausreichend gießen, um Schossen zu verhindern

Radieschen

Raphanus sativus var. *sativus*

Wuchshöhe: 10 cm
Erntezeit: ab April
einjährige Knollenpflanze

➤ **schnell reif**

Aussehen: raue, ovale Blätter in grundständiger Rosette; darunter rote, runde oder ovale Knolle
Standort: sonnig; lockerer, mäßig nährstoffreicher Boden
Anbau/Vermehrung: ab März wenige Samen alle 2 Wochen säen für ständige Ernte; gut in Mischkultur mit Salat; ab Mai spezielle Sommersorten säen, die nicht zum Schossen neigen
Pflege: Pflanzen nicht austrocknen lassen, Knollen sonst holzig; für knackig-frische Radieschen nicht zu spät ernten

Schnittlauch

Allium schoenoprasum

Wuchshöhe: 20–30 cm
Erntezeit: ganzjährig
mehrjährige Zwiebelpflanze

➤ **unentbehrliches Gewürz**

Aussehen: horstartiger Wuchs; dünne, röhrenförmige Blätter; Blüten rosa in endständigem, kugeligem Blütenstand
Standort: sonnig bis halbschattig; Boden nährstoffreich, humos und feucht, aber nicht staunass
Anbau/Vermehrung: Stauden in Frühjahr oder Herbst teilen und neu pflanzen
Pflege: mit Kompost düngen; Schnitt fördert Bildung neuer Triebe, Blüten sind essbar; alle Blätter abschneiden, wenn rote Pusteln darauf erscheinen

 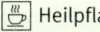

Blütenpflanzen

Ein- und zweijährige Blumen

Name	Licht	Boden	Blütezeit Blütenfarbe	Wuchshöhe	Besonderheiten
Bechermalve *Lavatera trimestris*	☀	nährstoffreiche, lockere Böden	Juli–Sept. rosa, rot, weiß	50–80 cm	verträgt keine zu feuchten Böden, prächtige Blüten
Duftsteinrich *Lobularia maritima*	☀	lockere Böden	April–Okt. weiß, rosa, lila	5–15 cm	Bodendecker, wächst auch gut in Plattenfugen
✿ **Fingerhut** *Digitalis purpurea*	☀ ◑	humose, kalk-arme Böden	Juni–Juli rot, rosa, weiß	60–120 cm	giftig! zweijährig, im Mai/Juni an Ort und Stelle aussäen
Fleißiges Lieschen *Impatiens walleriana*	☀ ◑	nährstoffreiche, lockere Böden	Mai–Okt. rot, rosa, weiß	20–50 cm	beste Beet- und Balkonblume für schattige Plätze
Gartenfuchsschwanz *Amaranthus*-Arten	☀ ◑	nährstoffreiche, lockere Böden	Juli–Okt. rot, grün, weiß	30–100 cm	es gibt besonders dekorative Sorten mit dunkelroten Blättern
Goldmohn *Eschscholzia californica*	☀	lockere, eher trockene Böden	Mai–Sept. gelb, orange	30–40 cm	Bienenweide; gedeiht auch im Steingarten gut
Judaspfennig *Lunaria annua*	☀ ◑	alle Böden	April–Mai violett	30–50 cm	Samenstände schön für Trocken-gestecke; Selbstaussaat
✿ **Königskerze** *Verbascum*-Arten	☀	eher trockene Böden	Juni–Sept. goldgelb	60–200 cm	zweijährige Pflanze, im Mai/Juni an Ort und Stelle aussäen
Kornblume *Centaurea cyanus*	☀ ◑	alle, auch tro-ckene Böden	Juni–Sept. blau, weiß, rosa	30–80 cm	gute Schnittblume, samt sich an sonnigen Plätzen von allein aus
Mädchenauge *Coreopsis tinctoria*	☀	nährstoffreiche, lockere Böden	Juni–Sept., rot, gelb, orange	30–100 cm	mit Reisig abstützen, mit den Blüten wurde früher gefärbt
Nachtkerze *Oenothera biennis*	☀ ◑	alle Böden	Juni–Aug. hellgelb	70–150 cm	zweijährige Pflanze, im Mai/Juni an Ort und Stelle aussäen; duftet
✿ **Schmuckkörbchen** *Cosmos bipinnatus*	☀ ◑	humose, nahr-hafte Böden	Juli–Okt. rosa, weiß, rot	50–150 cm	selbst ausgesäte Pflanzen blü-hen spät, aber bes. standfest
✿ **Sonnenblume** *Helianthus annuus*	☀	nahrhafte, eher trockene Böden	Juli–Okt. gelb, rot–braun	40–250 cm	hohe Sorten sind edle Solitäre, auch als schneller Sichtschutz
✿ **Wicke** *Lathyrus odoratus*	☀ ◑	humose, eher feuchte Böden	Mai–Sept. viele Farben	klettert bis 2 m	auf duft. Sorten achten, Pflanze liebt kühle luftfeuchte Plätze
Zitronentagetes *Tagetes tenuifolia*	☀	lockere, eher trockene Böden	Juni–Okt. gelb, orange	30–40 cm	Blüten essbar, duften u. schme-cken nach Mandarinenschale

Stauden

Name	Licht	Boden	Blütezeit Blütenfarbe	Wuchs-höhe	Besonderheiten
✿ Akelei *Aquilegia*-Hybriden	☼ ◐	normale Garten böden	Mai–Juni lila, rosa, weiß	30–70 cm	samt sich reichlich von selbst aus
Blaukissen *Aubrieta*-Hybride	☼	kalkhaltige Böden	April–Mai lila, rosa, weiß	5–15 cm	Polsterstaude, für Steingärten; vermehrt sich mit Ausläufern
Flammenblume *Phlox*-Hybriden	☼ ◐	nahrhafte, feuchte Böden	Juni–Sept. rosa, rot, weiß	50–150 cm	nicht austrocknen lassen, reich-lich Selbstaussaat
Gemswurz *Doronicum orientale*	☼ ◐	sandig-lehmige Gartenböden	April–Juni gelb	40–70 cm	robust, frühe Blüte, gute Schnittblume
✿ Hornkraut *Cerastium tomentosum*	☼ ◐	trockene Böden	Mai–Juni weiß	10–20 cm	wuchert, schnellwüchsig für Mauern u. Steingarten
✿ Immergrün *Vinca minor*	☼ ●	humose, lockere Böden	April–Mai lila, weiß	10–20 cm	wüchsiger Bodendecker, unter Gehölzen, verträgt Schatten
Kissenprimel *Primula vulgaris*	◐	alle Böden, eher feucht	März–April alle Farben	5–10 cm	kurzlebig, aber reichlich Selbst-aussaat
Lupine *Lupinus-Polyph.*-Hybride	☼	kalkarme, ma-gere Böden	Mai–Juni alle Farben	80–100 cm	Vermehrung durch Samen gelingt gut
Polsterglockenblume *Campanula poscharskyana*	☼ ◐	alle Böden, Steingarten	Juni–Sept. hellblau	10–20 cm	wächst gut in Fugen und Ritzen, bildet hübsche Farbtupfer
Schafgarbe *Achillea filipendula*	☼	alle Böden	Juni–Aug. weiß, rosa, rot	50–70 cm	robust, lockt nützliche Insekten an, gute Schnittblume
Seifenkraut *Saponaria officinalis*	☼ ◐	alle Böden	Juli–Sept. weiß, rosa, rot	50–80 cm	wuchert, vermehrt sich durch Ausläufer und Samen

Knollen- und Zwiebelblumen

Name	Licht	Boden	Blütezeit Blütenfarbe	Wuchs-höhe	Besonderheiten
✿ Schneeglöckchen *Galanthus nivalis*	☼ ◐	nährstoffreiche Gartenböden	Febr.–April weiß	10–15 cm	vermehrt sich durch Tochter-zwiebeln
✿ Schwertlilie *Iris-Barbata*-Hybride	☼	kalkhaltige, eher trockene Böden	Mai–Juni alle Farben	10–120 cm	edle Staude, vermehren durch Teilung der Rhizome
Wildtulpe *Tulipa*-Arten	☼	eher trockene, warme Böden	März–April alle Farben	10–30 cm	vermehren sich durch Aussaat und Tochterzwiebeln

Nutzpflanzen und Gehölze

Obst

Name	Licht	Boden	Erntezeit Erntegut	Pflanzung	Besonderheiten
❀ **Himbeeren** *Rubus idaeus*	☀ ◐	nährstoffreich, locker	Juni–Juli Früchte	Herbst oder Frühjahr	abgetragene Ruten abschneiden, Ableger Herbst/Frühjahr
❀ **Johannisbeeren** *Ribes rubrum*	☀ ◐	nährstoffreich, locker	Juni–Aug. Früchte	Herbst oder Frühjahr	Boden mit Laub oder Rasenschnitt mulchen
Rhabarber *Rheum spec.*	☀	nährstoffreich, frisch	Mai–Juni Stängel	Herbst oder Frühjahr	Blütenstände ausbrechen, Pflanze im Herbst teilen
Stachelbeeren *Ribes uva-crispa*	☀ ◐	nährstoffreich, locker	Juni–Juli Früchte	Herbst oder Frühjahr	Rückschnitt gleich nach Ernte

Gemüse und Salate

Name	Licht	Boden	Erntezeit Erntegut	Aussaat	Besonderheiten
Buschbohnen *Phaseolus vulgaris*	☀	locker	Juli–Sept. Früchte	ab Mai satzweise	Keimlinge vor Schnecken schützen, Bohnen jung ernten
❀ **Feldsalat** *Valerianella locusta*	☀	locker, nicht zu trocken	Frühling und Herbst, Blätter	Frühjahr oder ab Juli	Keimlinge ausdünnen, sonst kleine Blattrosetten
Küchenzwiebel *Allium cepa*	☀	locker, humos	Juli–Sept. Zwiebel	ab März ins Freiland	mit Steckzwiebeln einfach, darf nicht zu dicht stehen
Mangold *Beta vulgaris* ssp. *vulgaris*	☀ ◐	humos, locker, nährstoffreich	Juni–Okt. Früchte	ab April ins Freiland	Zum Ernten äußere Blätter abreißen, treibt neue Blätter
Möhren *Daucus carota* ssp. *sativa*	☀	nährstoffreich, locker	Juni–Nov. Wurzel	ab März ins Freiland	Keimlinge schon früh vereinzeln, sonst kleine Möhren
❀ **Spinat** *Spinacia oleracea*	☀	nährstoffreich, locker	Frühling und Herbst, Blätter	Frühling oder ab Juli	Blätter rechtzeitig ernten, fängt ab Mitte Mai an zu schossen
❀ **Tomaten** *Lycopersicon esculentum*	☀	nährstoffreich, warmer Platz	Juli–Nov. Früchte	ab März im Zimmer	am besten im Kübel an einer Regen geschützten Wand
Zuckererbse *Pisum sativum*	☀ ◐	humos, nicht zu trocken	Juni–Juli Hülsen	ab März ins Freiland	in Reihen aussäen, abstützen klettert an Blattranken

Kräuter

Name	Licht	Boden	Erntezeit Erntegut	Aussaat	Besonderheiten
Dill *Anethum graveolens*	☼	locker, humos	Mai–Okt. Blätter	ab März satzweise	Blätter laufend ernten, lassen sich einfrieren
Kerbel *Anthriscus cerefolium*	◐	feucht, locker	Frühling und Herbst, Blätter	ab März satzweise	frisch verwenden, verliert Aroma beim Gefrieren o. Trocknen
✿ **Pfefferminze** *Mentha × piperita*	☼ ◐	feucht, nährstoffreich	Mai–Nov. Blätter	Frühjahr	ernten und trocknen ab Juli, Vermehrung durch Wurzelableger

Gehölze und ausdauernde Kletterpflanzen

Name	Licht	Boden	Blütezeit Blütenfarbe	Wuchshöhe	Besonderheiten
Berg-Waldrebe *Clematis montana*	☼ ◐	frische, nahrhafte Böden	Mai rosa, rosarot	bis zu 8 m	wüchsiges Klettergehölz, Rückschnitt nach Blüte, Rankhilfe
Buchsbaum *Buxus sempervirens*	☼ ●	nahrhafte, eher leichte Böden	April unscheinbar	10–20 m	bestes Formgehölz, niedrige Hecken, Schnitt ab Mitte Mai
✿ **Efeu** *Hedera helix*	☼ ●	humose, feuchte Böden	Sept.–Okt. grün-gelb	klettert bis 20 m	auch für Nordwände, klettert ohne Rankhilfe mit Haftwurzeln
Feuergeißschlinge *Lonicera henryi*	☼ ◐	feuchte nahrhafte Böden	Juni–Sept. feuerrot	klettert bis 4 m	robust, wüchsig, auch für Kübel, duftende Blüten
✿ **Forsythie** *Forsythia × intermedia*	☼ ◐	alle Böden	März–Mai gelb	2–4 m	Rückschnitt nach Blüte möglich, auch als geschnittene Hecke
Fünffingerstrauch *Potentilla fruticosa*	☼ ◐	leichte, eher kalkarme Böden	Juni–Okt.; gelb, weiß, rosa orange	0,5–1,5 m	Rückschnitt im Frühjahr fördert Blütenreichtum
Pfeifenstrauch *Philadelphus*-Hybriden	☼ ◐	alle Gartenböden	Juni–Juli weiß	1–3 m	anspruchsloser Großstrauch, Blüten duften stark
✿ **Schmetterlingsstrauch** *Buddleja davidii*	☼	leichte Böden, warme Plätze	Juli–Okt. violett, rosa	3–4 m	lockt Schmetterlinge an, Vermehren durch Steckhölzer
Schneeball *Viburnum opulus*	◐ ●	nahrhafte, feuchte Böden	Mai–Juni weiß	3–4 m	Wildstrauch mit roten Beeren, Vermehrung durch Ausläufer
✿ **Weiden** *Salix alba, S. purpurea* u.a.	☼	feuchte, nahrhafte Böden	Febr.–April Kätzchen	3–8 m, je nach Art	einjährige Ruten zum Bauen und Flechten abschneiden
Weißdorn *Crataegus laevigata*	☼ ◐	alle, auch arme Böden	Mai–Juni weiß	2–6 m	auch als Hecke, bietet Vögeln Nahrung und Unterschlupf

Arbeitskalender

Januar – April: Auf zu neuen Taten!

JANUAR

➤ **Planen:** Überlegen Sie, welche Gartenprojekte Sie im kommenden Jahr verwirklichen möchten, und stellen Sie Listen für die gewünschten Pflanzen und Materialien auf.

➤ **Gestalten:** Wo im Forst Bäume gefällt werden, gibt es Rindenspäne und Zaunmaterial aus Schwachholz.

➤ **Vermehren:** Sammeln Sie für die Frühjahrsaussaaten Quarkschalen, Joghurtbecher und andere praktische Gefäße.

FEBRUAR

➤ **Pflegen:** Ist es warm und trocken, können Sie den reifen Kompost durchsieben und auf Beeten und unter Sträuchern verteilen.

➤ **Gestalten:** Obstbäume und Beerensträucher an frostfreien Tagen schneiden. Heben Sie schlanke gerade Äste auf: als Stützen für Erbsen und Blumen im Sommer.

➤ **Vermehren:** Es wird Zeit, Pflanzen- und Saatgutkataloge zu durchforsten. Wer zuerst bestellt, wird schnell beliefert!

Mai – August: Den Garten rundherum genießen

MAI

➤ **Pflegen:** Setzen Sie die erste Jauche aus frischen Brennnessel-Trieben an, sie ist besonders wirksam!

➤ **Pflanzen:** Nun wird Buchsbaum geschnitten; schauen Sie in der Nachbarschaft, ob Sie die Schnittreste als Stecklingsmaterial bekommen. Pflanzen Sie Dahlienknollen.

➤ **Vermehren:** Zweijährige, empfindliche Blumen und Gemüse wie Bohnen und Zuckermais säen Sie ab Mai ins Beet.

JUNI

➤ **Pflanzen:** Erdbeeren und die ersten Beerensträucher sind reif, frieren Sie Überschüsse ein oder kochen Sie Marmelade.

➤ **Pflegen:** Hacken Sie regelmäßig Unkraut, und achten Sie auf Schnecken. Rücken Sie Blattläusen mit Pflanzenbrühen zu Leibe.

➤ **Vermehren:** Säen Sie alle zwei Wochen eine neue Reihe Salat, Radieschen und Buschbohnen. Wählen Sie Sommersorten, die nicht in Blüte schossen.

September – Dezember: Ernten und Aufräumen

SEPTEMBER

➤ **Planen:** Bei Baustellen und auf Bauschuttdeponien können Sie nach brauchbarem »Abfall« schauen.

➤ **Pflanzen:** Die Baumobstarten sind jetzt erntereif. Lagern Sie gesunde und unversehrte Früchte im Keller ein. Setzen Sie Zwiebeln von Frühlingsblühern.

➤ **Pflegen:** Frostempfindliche Kübelpflanzen müssen Ende des Monats wieder ins Haus.

OKTOBER

➤ **Gestalten:** Lassen Sie Laub- und Reisighaufen in einer Gartenecke liegen, als Winterquartier für Igel und andere Tiere.

➤ **Pflanzen:** Wurzelnackte Gehölze pflanzen, damit sie noch im Herbst anwachsen.

➤ **Pflegen:** Schneiden Sie abgestorbene Stauden- und Blumenstängel ab.

➤ **Vermehren:** Jetzt ist die beste Zeit um Stauden und Kräuter zu teilen.

MÄRZ

➤ **Pflanzen:** Stauden und wurzelnackte Gehölze pflanzen Sie sowie der Boden frostfrei und etwas abgetrocknet ist.

➤ **Pflegen:** Lockern Sie die Gemüsebeete. In Stauden- und Gehölzbeeten oberste Bodenschicht aufhacken und Unkräuter entfernen.

➤ **Vermehren:** Pflücksalat, Radieschen, Zuckererbsen, Steckzwiebeln und Kresse säen Sie im Gemüsegarten aus. Auf der Fensterbank keimen Sommerblumen und Tomaten.

APRIL

➤ **Planen:** In Gartencentern und in Supermärkten bekommen Sie blühende Frühlingsblumen und Gemüsejungpflanzen günstig. Preisvergleiche lohnen sich!

➤ **Pflanzen:** Es ist höchste Zeit zum Teilen der Stauden! Fragen Sie bei Nachbarn und Bekannten, ob sie Pflanzen übrig haben.

➤ **Vermehren:** Auch in kühlen Gegenden säen Sie jetzt Salate, Gemüse, Kräuter, Sommerblumen und Stauden ins Freiland.

JULI

➤ **Pflegen:** Wässern Sie nur, wenn es nötig ist, und dann lieber gründlich.

➤ **Gestalten:** Stecken Sie Äste als Stützen neben hohe Stauden und Sommerblumen. Schneiden Sie Kräuter wie Oregano, Bohnenkraut oder Salbei und Blumen, und hängen Sie sie kopfüber zum Trocknen auf.

➤ **Vermehren:** Jetzt ist eine gute Zeit, Stecklinge von Balkonblumen, Kräutern, Zimmerpflanzen und Kübelpflanzen zu nehmen.

AUGUST

➤ **Planen:** Sammeln Sie reife Samen von Sommerblumen, Zweijährigen und Stauden, und trocknen Sie sie in der Sonne.

➤ **Pflanzen:** Setzen Sie die Ausläufer von Erdbeeren in ein mit Kompost gedüngtes Beet.

➤ **Pflege:** Mit Rasenschnitt gemulchte Beete brauchen auch bei Hitze kaum gewässert zu werden.

➤ **Vermehren:** Säen Sie Feldsalat und Spinat auf abgeerntete Gemüsebeete.

NOVEMBER

➤ **Planen:** Schauen Sie, wo in Ihrer Umgebung nach herbstlichen Garten-Aufräumarbeiten Pflanzen verschenkt werden.

➤ **Pflege:** Setzen Sie aus den herbstlichen Gartenabfällen einen Komposthaufen auf. Schützen Sie empfindliche Stauden und Gehölze mit Laub oder Bastmatten. Lassen Sie das Wasser aus den Regentonnen ab, bevor es friert. Räumen Sie im Garten auf.

DEZEMBER

➤ **Planen:** Bewahren Sie selbst gesammelte Samen in Filmdosen auf. Füllen Sie getrocknete Kräuter in luftdicht verschließbare Gefäße.

➤ **Pflegen:** Reinigen Sie die Gartengeräte.

➤ **Vermehren:** Schneiden Sie Steckhölzer von Sträuchern, und lagern Sie diese bis nächstes Frühjahr in Plastiktüten oder in feuchtem Torf an einem frostfreien, kühlen Platz.

Die **halbfett** gesetzten
Seitenzahlen verweisen auf
Abbildungen.

Literatur

Hensel, Wolfgang: Garten-spaß für Einsteiger. Gräfe und Unzer Verlag, München

Kreuter, Marie-Luise: Der Biogarten. BLV Verlag, München

Mayer, Joachim: Gartenjahr für Einsteiger. Gräfe und Unzer Verlag, München

Richberg, Inga-Maria: Altes Gärtnerwissen. BLV Verlag, München

Simon, Herta: Gärten gestalten. Gräfe und Unzer Verlag, München

Simon, H., Becker, J. und Nickig, M.: Das große GU Gartenbuch. Gräfe und Unzer Verlag, München

Zeitschriften

FLORA
Gruner + Jahr AG & Co
20459 Hamburg

mein schöner Garten
Burda Senator Verlag GmbH
77652 Offenburg

kraut & rüben
DLV GmbH
80797 München

Bezugsquellen

Gartenbedarf Versand
Richard Ward
Günztalstr. 22
87733 Markt Rettenbach

Bildnachweis

Bornemann: 18, 19, 24, 40, 41, 45 mi., U4 re.; Borstell: 6; Caspersen: 50 re.; Dietz: 33; Fischer: 48 li.; Jahreiß: 12, 16, 26 re.; kraut & rüben/v. Salomon: 26 li., 38; Nickig: U2/1; Pforr: 34, 45 li., 45 re., 47 mi.; PhotoPress/Rutel: 4/5; Redeleit: 13, 25, 29, 30, 32, 50 li.; Reinhard: 21, 48 re.; Rogers: 10, 14; Schneider/Will: 2/3, 3, 7, 9, 17, 20, 22 u., 23, 27, 36, 37, 42/43, 44 li., 46 re., 47 li., 47 re., 49, 51 li., 64, U4 mi.; Stein: 44 re.; Strauß: 22 o., 51 re.; Strauß/GBA/GPL: 11; Strauß/GBA/Didillon: U4 li.; Strauß/GBA/Nichols: 8; Strauß/GBA/Noun: 15, 31, 35; Ward: 28.

Fotos auf dem Umschlag und im Innenteil: Umschlagvorderseite: Sonnenblume; Umschlag innen/S.1: Duftwicken und Stühle; S. 4/5: Stauden pflanzen; S. 42/43: Sonnenblume; S. 64: Mohn mit Kornblumen; Umschlagrückseite: Jungfer im Grünen (li.), Sitzplatz (mi.), Keimlinge (re.).

Wichtige Hinweise

➤ Einige der hier beschriebenen Pflanzen sind giftig oder Haut reizend. Sie dürfen nicht verzehrt werden.

➤ Bewahren Sie Dünge- und Pflanzenschutzmittel für Kinder und Haustiere unerreichbar auf.

➤ Wenn Sie sich bei der Arbeit verletzen, sollten Sie umgehend einen Arzt aufsuchen. Eventuell ist eine Impfung gegen Tetanus erforderlich.

Die Autorin

Lisa Feiser ist diplomierte Landschafts- und Gartenbauerin mit langjähriger Berufserfahrung in einer großen Gärtnerei. Seit der Geburt ihrer Kinder widmet sie sich kreativ neuen Gestaltungsideen und schreibt Bücher über ihre Erfahrungen.

Dank

Verlag, Autorin und der Fotograf H. Bornemann danken der Alten Gärtnerei in Taufkirchen für die Anzucht der Keimlinge (S. 40/41) sowie der Zeitschrift kraut & rüben (Fotos S. 26 li., 38) und Richard Ward (Foto S. 28) für die freundliche Unterstützung.

Impressum

© 2003 Gräfe und Unzer Verlag GmbH, München

Redaktionsleitung: Anne Hahnenstein
Redaktion: Angelika Holdau
Lektorat: Christina Freiberg
Umschlaggestaltung und Layout: independent Medien-Design, München
Produktion: Renate Hutt
Satz: Uhl + Massopust, Aalen
Reproduktion: Longo, Bozen
Druck und Bindung: Kaufmann, Lahr
Printed in Germany

ISBN 3-7742-5746-9

Auflage	4	3	2	1
Jahr	2006	2005	2004	2003

GRÄFE UND UNZER

Ein Unternehmen der
GANSKE VERLAGSGRUPPE

Das Original mit Garantie

Ihre Meinung ist uns wichtig. Deshalb möchten wir Ihre Kritik, gerne aber auch Ihr Lob erfahren. Um als führender Ratgeberverlag für Sie noch besser zu werden. Darum: Schreiben Sie uns! Wir freuen uns auf Ihre Post und wünschen Ihnen viel Spaß mit Ihrem GU-Ratgeber.

Unsere Garantie: Sollte ein GU-Ratgeber einmal einen Fehler enthalten, schicken Sie uns das Buch mit einem kleinen Hinweis und der Quittung innerhalb von sechs Monaten nach dem Kauf zurück. Wir tauschen Ihnen den GU-Ratgeber gegen einen anderen zum gleichen oder ähnlichen Thema um.

Ihr Gräfe und Unzer Verlag
Redaktion Garten
Postfach 86 03 25
81630 München
Fax 0 89/4 19 81-1 13
e-mail:
leserservice@
graefe-und-unzer.de

GU PFLANZENRATGEBER

Wenig tun, viel genießen.

ISBN 3-7742-5444-3
64 Seiten
7,90 € [D]

ISBN 3-7742-5745-0
64 Seiten
7,90 € [D]

ISBN 3-7742-5443-5
64 Seiten
7,90 € [D]

ISBN 3-7742-5441-9
64 Seiten
7,90 € [D]

ISBN 3-7742-3633-X
64 Seiten
7,90 € [D]

Gärtnern schnell & einfach? Gar kein Problem! Verwandeln Sie Garten, Terrasse, Balkon und Haus im Handumdrehen in eine grüne Oase. Das 5-Stufen-Erfolgsprogramm zeigt, wie's geht.

WEITERE LIEFERBARE TITEL BEI GU:

➤ GU PFLANZENRATGEBER: **Gartenteiche, Natürlich gärtnern, Rosen, Zitruspflanzen, Rasen**

Gutgemacht. Gutgelaunt.

ROBUSTE PFLANZEN

1

Wählen Sie Stauden, Blumen und Gehölze aus, die **pflegeleicht** sind, widerstandsfähig und gesund bleiben. Achten Sie darauf, dass die Arten mit dem **Standort**, Bodentyp und Lichtangebot in Ihrem Garten zurechtkommen, dann wachsen sie schnell, brauchen kaum Pflege und vermehren sich problemlos.

So macht günstig Gärtnern richtig Spaß

AM LAUFENDEN METER

4

Es müssen nicht immer teure Steine und Pflaster sein – auf Wegen aus **Rindenmulch** laufen Sie wie auf Wolken. Ein kurz geschorener **Rasenweg** schmeichelt nackten Füßen und aus den am Flussufer selbst gesuchten **Kieselsteinen** wird mit etwas Geschick ein hübscher Terrassenbelag.

WENIGER IST MEHR

7

Pflanzen Sie in einem neuen Garten Gehölze und Stauden **nicht zu dicht**. Sie haben in wenigen Jahren die Lücken aufgefüllt und werden zu stattlichen Exemplaren. Günstig sind **wurzelnackte, junge** Gehölze und sie wachsen oft besser an als größere Pflanzen.

WASSER SPAREN

8

Bei Trockenheit zweimal in der Woche durchdringend zu **wässern**, nützt den Pflanzen mehr, als wenn Sie ständig nur wenig gießen. Und Sie sparen Zeit und Wasser! **Mulchen** ist eine sinnvolle Alternative – so mindern Sie die Verdunstung im Boden.